排球竞赛规则

2013 — 2016

国际排联2012年第33届代表大会通过

中国排球协会　译定

人民体育出版社

图书在版编目(CIP)数据

排球竞赛规则. 国际排联2012年第33届代表大会通过. 2013—2016 / 中国排球协会审定. -北京：人民体育出版社，2013（2015.9.重印）
ISBN 978-7-5009-4533-8

Ⅰ.①排⋯ Ⅱ.①中⋯ Ⅲ.①排球运动-竞赛规则-2013—2016 Ⅳ.①G842.4

中国版本图书馆CIP数据核字(2013)第204364号

*

人民体育出版社出版发行
三河兴达印务有限公司印刷
新 华 书 店 经 销

*

787×960 32开本 6.75印张 130千字
2013年10月第1版 2015年9月第4次印刷
印数：15,001—21,000册

*

ISBN 978-7-5009-4533-8
定价：16.00元

社址：北京市东城区体育馆路8号（天坛公园东门）
电话：67151482（发行部） 邮编：100061
传真：67151483 邮购：67118491
网址：www.sportspublish.com

说明

国际排球联合会于2012年第33届代表大会通过的这本《排球竞赛规则2013—2016》，经中国排球协会译定，在全国各级排球比赛中执行。条款中用黑体字排印的词语和段落，是重点强调和“国际排联世界和正式比赛”必须执行的规定。

为有助于提高排球工作者的英语水平和便于国际交流，本《规则》的中文部分之后附录了英文规则的全文，并且沿用了原文的页码。

在本《规则》的翻译、校订和整理过程中，得到了国际排联规则委员会委员钟秉枢和国际排联裁判委员会委员孙剑辉两位专家的许多帮助，在此特别致谢。

中国排球协会

2013年9月

目 录

比赛的特性

排球比赛是两队运动员在由球网分开的场地上进行的集体比赛项目。它可以有多种比赛方式，以适应各种不同性质比赛的需求，从而不断推动本项运动的广泛开展。

比赛的目的，是对抗的两队遵照规则将球击过球网，使其落在对方场区的地面上而防止球落在本队场区的地面上。每队可击球 3 次（拦网触球除外）将球击回对区。

比赛由发球开始，发球队员击球使球从网上飞至对区。比赛由此连续进行，直至球落地、出界或某一队不能合法将球击回。

排球比赛中某队胜 1 球，即得 1 分（每球得分制）。接发球队胜 1 球时得 1 分，同时获得发球权，队员按顺时针方向轮转 1 个位置。

第一部分

规则与裁判工作的指导思想

介绍

排球运动是当今世界上兼具竞技性和娱乐性，最流行、最成功的体育运动项目之一。它**快速、刺激**，并极具**爆发力**，几项运动要素**相互作用**，在比赛的往返回合中交相辉映。

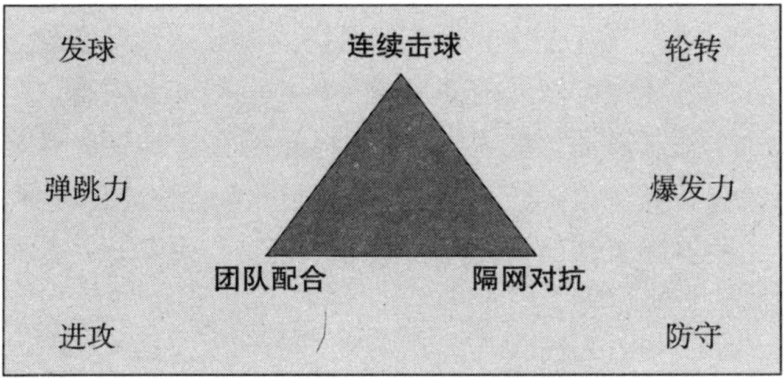

近年来，国际排联一直致力改革这项运动以迎合现代观众的需求。

本文目的在于使广大排球运动参与者——运动员、教练员、裁判员、观众及评论员：

——了解规则的精神，让教练员更加合理地缔造球队和创建战术，让运动员更加淋漓尽致地发挥技能；

——了解规则的内在联系，使裁判员做出更加准确的判定。

本文在确认裁判工作所必须具备的素质之前，首先将排球运动定位于一项竞技运动。

排球运动是一项竞技运动

竞技比赛激发潜能。它可以展示人的最佳能力、精神、美感和创造力。规则就是要构建一个竞技的平台，以保证所有这些素质的弘扬。排球运动几乎使所有的参赛者参与网前的进攻及后排的防守和发球。

排球运动创始人威廉·莫根如果在世的话，他依然会看到，虽然已经百年，但排球运动的特色依旧，几种不同于其他运动项目的基本元素与网和球一起构造了比赛特性：

——发球；

——轮转（按顺序发球）；

——进攻；

——防守。

球不断通过球网飞翔不落，在同伴中交流传递后击回对方，是排球独有的特质。

自由防守队员的推出，无疑延长和增加了竞争回合，使比赛更趋精彩。放宽对发球的限制，使发球由一项开始比赛的简单行动变成了进攻的利器。

轮转的观念自始就是为了激励队员的全面发展。位置的规定使球队能机动灵活地发挥技术，创造更丰富的战略战术。

竞争的对手们就是要利用规则这个平台，充分展示技术、战术和实力；这个平台也要给予他们表现的自由，使排球比赛更具观赏性。

排球运动的形象也因而日臻完美。

裁判员的作用

竞技比赛中优秀裁判员的立足点是执法的公正一致：

——**对**所有参赛者的公正一致；

——被观众**认可**的公正一致。

裁判员要具备如下素质才能获得运动员的充分信任，使他们满怀信心，毫无拘束地投入比赛之中：

——**准确**的**判断**。

——**对规则精神**的**了解**。

——有效的**组织能力**。

——把握比赛的**流畅**进行。

——**教育**不文明和处罚违背公正的行为。

——**促进**排球运动的发展，让**观众融入**比赛，参与互动；让运动员更好地发挥水平，**娱乐**大众。

最后，我们可以肯定，一名优秀的裁判员会通过排球竞赛规则的执行，使比赛给**所有**参与者带来美好的体验。

请阅读随后的篇章，规则无疑促进了现代排球的发展，但还需清楚，介绍中所陈述的观点对于每一名排球工作者都是同等重要的。

积极参与！让排球飞翔！

第二部分

比赛规则

第一章　比　赛

第一节　器材与设备

规则		参照规则
1	**比赛场地**	
	比赛场地为对称的长方形，包括比赛场区和无障碍区。	1.1，图 1a，图 1b
1.1	**面积**	图 2
	比赛场区为 18 米 × 9 米的长方形。其四周至少有 3 米宽的无障碍区。	
	比赛场区上空的无障碍空间从地面量起至少高 7 米，其间不得有任何障碍物。	
	国际排联世界和正式比赛场地边线外的无障碍区至少宽 5 米，端线外至少宽 8 米，比赛场地上空的无障碍空间至少高 12.5 米。	

规则		参照规则
1.2	**比赛场地的地面**	
1.2.1	场地的地面必须平坦、水平、划一。场地的地面不得有任何可能伤害队员的隐患。不得在湿、滑或粗糙的地面上比赛。**国际排联世界和正式比赛场地的地面只能是木制或合成物质的。任何地面都必须事先经国际排联验准。**	
1.2.2	室内比赛场区的地面必须为浅色。**国际排联世界和正式比赛场地界线为白色。比赛场区和无障碍区分别为另外不同的颜色。**	1.1，1.3
1.2.3	室外场地为了排水，每米可以有 5 毫米的坡度。禁止用任何坚硬的物体作为场地界线。	1.3
1.3	**场地上的画线**	图 2
1.3.1	所有的线宽 5 厘米。其颜色应该是与地面以及其他画线不同的浅色。	1.2.2
1.3.2	界线	
	两条边线和两条端线划定了比	1.1

规则		参照规则
	赛场区。边线和端线都包括在比赛场区的面积之内。	
1.3.3	中线	
	中线在网下连接两条边线的中点。中线的中心线将比赛场区分为长 9 米、宽 9 米的两个相等场区。	图 2
1.3.4	进攻线	
	每个场区各画一条距离中线中心线 3 米的进攻线，标出了前场区。	1.3.3，1.4.1
	国际排联世界和正式比赛时，进攻线是被无限延长的，在每条进攻线两端向无障碍区各画 5 段长 15 厘米、宽 5 厘米、间隔 20 厘米的虚线，虚线总长 1.75 米。“教练员限制线”由一组长 15 厘米、间隔 20 厘米的虚线组成，虚线自进攻区的延长线至底线延长线，距边线 1.75 米并平行于边线。限制线限定了教练员的活动区域。	图 2

规则		参照规则
1.4	**区与区域**	图 1b，图 2
1.4.1	前场区	19.3.1.4，23.3.2.3e，图 2
	中线中心线与进攻线之间为前场区。	1.3.3，1.3.4，19.3.1.4，23.3.2.3e
	前场区被认为是向边线外延长的，直至无障碍区的边沿。	1.1，1.3.2
1.4.2	发球区	
	发球区宽 9 米，位置在端线后。	
	端线后两条边线的延长线各画一条长 15 厘米、垂直并距离端线 20 厘米的短线，两条短线之间的区域为发球区，短线的宽度包括在发球区之内。	1.3.2，12，图 1b
	发球区的深度延至无障碍区的终端。	1.1
1.4.3	换人区	
	两条进攻线的延长线之间、记录台一侧边线外的范围为换人区。	1.3.4，15.6.1，图 1b

规则		参照规则
1.4.4	自由防守队员替换区	
	自由防守队员替换区是无障碍区的一部分，在替补席一侧的进攻线延长线和底线延长线之间。	19.3.2.7，图 1b
1.4.5	准备活动区	
	国际排联世界和正式比赛的无障碍区外的球队席远端角落，各画有 3 米×3 米的准备活动区。	24.2.5，图 1a，图 1b
1.4.6	判罚区	
	判罚区位于控制区内各端线的延长线后，放有两把椅子。其长宽各 1 米，线为红色，宽 5 厘米。	21.3.2.1，图 1a，图 1b
1.5	**温度**	
	最低温度不得低于 10℃（50℉）。**国际排联世界和正式比赛的温度，最高不得高于 25℃（77℉），最低不得低于 16℃（61℉）。**	
1.6	**照明**	
	国际排联世界和正式比赛场地的照明度，在距离场地地	1

规则		参照规则
	面 1 米的高度进行测量，应为 1000~1500 勒克斯。	
2	**球网与网柱**	图 3
2.1	**球网高度**	
2.1.1	球网架设在中线上空，高度为男子 2.43 米，女子 2.24 米。	1.3.3
2.1.2	球网的高度应从场地中间丈量，球网两端（边线上空）的高度必须相等，并不得超过规定网高 2 厘米。	1.1，1.3.2，2.1.1
2.2	**构造**	
	球网为黑色，宽 1 米，长 9.50~10 米（每边标志带外 25~50 厘米），网眼直径 10 厘米。	图 3
	球网上沿的全长缝有 7 厘米宽的双层白帆布带。帆布带的两端留有孔，用绳索系在网柱上使网上沿拉紧。	
	用一根柔韧的绳索穿过帆布带，拉紧球网上沿固定在网柱上。	
	球网下沿的全长缝有另外一条	

规则		参照规则
	构造与球网上沿相同的5厘米宽帆布带，用绳索系在网柱上使网下沿拉紧。	
2.3	**标志带**	
	两条宽5厘米、长1米的白色带子为标志带，分别系在球网的两端，垂直于边线。	1.3.2，图3
	标志带被认为是球网的一部分。	
2.4	**标志杆**	
	标志杆是有韧性的两根杆子，长1.8米，直径10毫米，由玻璃纤维或类似的材料制成。	
	两根标志杆分别设置在标志带外沿球网的不同侧面。	2.3，图3
	标志杆高出球网80厘米。高出部分每10厘米应涂有明显对比的颜色，最好为红白相间。	
	标志杆被认为是球网的一部分，并视为过网区的边界。	10.1.1，图3，图5a，图5b
2.5	**网柱**	
2.5.1	两根网柱分别架设在两条边线外0.5~1米处，高2.55米，最	图3

规则		参照规则

好可以调节高度。

国际排联世界和正式比赛，网柱应架设在边线外 1 米处。

2.5.2 网柱应为光滑的圆形，并无拉链。一切危险设施和障碍物都必须清除。

2.6 附加设备

一切附加设备都必须符合国际排联的规定。

3 球

3.1 标准

球是圆形的，由柔软皮革或合成革制成外壳，内装橡胶或类似材料制成的球胆。

颜色：可以是一色的浅色或是彩色。

正式国际比赛使用的合成革和彩色球必须符合 FIVB 标准。

圆周：65~67 厘米。

重量：260~280 克。

气压：0.30~0.325 千克/平方厘

规则		参照规则
	米（294.3~318.82 百帕）。	
3.2	统一性	
	在一次比赛中所用的球，其特性，包括圆周、重量、气压、牌号及颜色等，都必须是统一标准的。	3.1
	国际排联世界和正式比赛、国家联赛和锦标赛所有的球必须是国际排联批准的，或经过 FIVB 特许。	
3.3	**3 球制**	
	国际排联世界和正式比赛应采用 3 球制。设 6 名捡球员，无障碍区的 4 个角各 1 人，第 1、2 裁判员后面各 1 人。	图 10

第二节　比赛参加者

规则		参照规则
4	**比赛队**	
4.1	队的组成	
4.1.1	一个队最多有 12 名队员，另加： ——1 名教练员，最多两名助理	4.1.1.1， 5.2，5.3

规则		参照规则
	教练员； ——1 名治疗师和 1 名医生。 只有登记在记录表上队的成员才可以进入比赛控制区，参加赛前的正式准备活动和比赛。 **国际排联世界和正式比赛，医生和治疗师必须事先得到国际排联的认可。**	
4.1.2	除自由防守队员外的 1 名队员担任队长，队长在记录表上被注明。	5.1，19.1.3
4.1.3	只有登记在记录表上的队员才可以进入场地和参加比赛。教练员和队长在记录表上签字以后，已登记在记录表（和电子记录表）上的队员名单不得更改。	1，4.1.1，5.1.1，5.2.2
4.2	**队的位置**	
4.2.1	比赛时，替补队员应坐在他们场地一侧的球队席上或在准备活动区内。教练员和其他成员也应坐在球队席上，但可暂时离开。	1.4.5，5.2.3，7.3.3

规则		参照规则
	球队席设在记录台的两侧，无障碍区之外。	图 1a,图 1b
4.2.2	在比赛中只有队的成员才允许坐在球队席上，并参加赛前的准备活动。	4.1.1，7.2
4.2.3	替补队员可以做无球的准备活动如下：	
4.2.3.1	比赛中，在准备活动区内；	1.4.5，8.1，图 1a,图 1b
4.2.3.2	暂停或技术暂停时，在他们场区之后的无障碍区。	1.3.3，15.4
4.2.4	两局比赛之间，队员可以在各自无障碍区用球做准备活动。	18.1
4.3	**装备**	
	队员的装备包括上衣、短裤、袜子（比赛服）和运动鞋。	
4.3.1	全队上衣、短裤和袜子的颜色、式样必须统一（自由防守队员除外），比赛服必须整洁。	4.1，19.2
4.3.2	运动鞋必须柔软轻便，鞋底为没有后跟的胶底或合成革。	
4.3.3	队员上衣必须有号码，序号为	4.3.3.2

规则		参照规则
	1—20号。	
4.3.3.1	号码必须在身前和身后的中间位置，并与上衣的颜色明显不同。	
4.3.3.2	胸前号码至少15厘米高，背后号码至少20厘米高，号码笔画至少2厘米宽。	
4.3.4	队长上衣胸前号码下，应有一条与上衣颜色不同的长8厘米、宽2厘米的带状标志。	5.1
4.3.5	禁止穿着不符合规则规定号码的服装或与同队其他队员不同颜色的服装（自由防守队员除外）。	19.2
4.4	**服装的更换**	
	第1裁判员可以允许1名或多名运动员：	23
4.4.1	赤脚比赛；	
4.4.2	局间或换人后更换浸湿或损坏的服装，但必须是相同的颜色、式样和号码；	4.3，15.5

规则		参照规则
4.4.3	天气较冷穿训练服比赛时，全队服装颜色、式样必须相同(自由防守队员除外)，号码符合规则 4.3.3 规定。	4.1.1，19.2
4.5	**禁止佩戴的物品**	
4.5.1	禁止佩戴可能对运动员造成伤害及加力的物品。	
4.5.2	队员可以戴眼镜和隐形眼镜比赛，但风险自负。	
5	**队的领导**	
	队长和教练员应对全队成员的行为和纪律负责。 自由防守队员不能担任队长和场上队长。	20
5.1	**队长**	
5.1.1	比赛前：队长在记录表上签字，并代表本队抽签。	7.1, 25.2.1.1
5.1.2	比赛中：队长担任场上队长。当队长不在场上时，教练员或队长应指定除自由防守队员以外的另一名队员担任场上队	15.2.1

规则		参照规则
	长代其行使职权，直至该队员下场或队长返回场上，或至该局结束。	
	只有场上队长在死球时可以和裁判员讲话：	8.2
5.1.2.1	请求对规则和规则的执行进行解释，转达本队成员提出的问题或请求。如果他对解释不满意，可以选择抗议并立即向第1裁判员声明，保留其在比赛结束时将正式抗议写在记录表上的权利。	23.2.4
5.1.2.2	请求允许：	
	a）更换全部或部分服装；	4.3，4.4.2
	b）核对双方队员的位置；	7.4，7.6
	c）检查地板、球网和球等。	1.2，2.3
5.1.2.3	在教练员缺席的情况下请求暂停或换人。	15.3.1，15.4.1，15.5.2
5.1.3	比赛结束时，队长：	6.3
5.1.3.1	感谢裁判员，并在记录表上签字承认比赛结果；	25.2.3.3
5.1.3.2	如果他曾向第1裁判员提出过	5.1.2.1，

规则		参照规则
	声明，进一步确认后可将对裁判员的解释或执行规则的正式抗议记录在记录表上。	25.2.3.2
5.2	**教练员**	
5.2.1	教练员应自始至终在比赛场区之外进行指挥，他与第2裁判员联系填写位置表、请求暂停或换人。	1.1，7.3.2，15.4.1，15.5.2
5.2.2	比赛前，教练员在记录表上登记和检查队员姓名、号码并签字。	4.1，19.1.3，25.2.1.1
5.2.3	比赛中，教练员：	
5.2.3.1	每局开始前填写位置表，签字后交给第2裁判员或记录员。	7.3.2，7.4，7.6
5.2.3.2	坐在靠近记录员一端的球队席上，但可以暂时离开。	4.2
5.2.3.3	请求暂停或换人。	15.4，15.5
5.2.3.4	与队的其他成员一样，可以对场上队员进行指导。教练员进行指导时，可以在球队席前自进攻线延长线至准备活动区域之间的无障碍区内站立或行走，	1.3.4，1.4.5，图2

规则		参照规则
	但不得干扰或延误比赛。	
	国际排联世界和正式比赛，教练员应在教练员限制线后履行职责。	图 1a，图 1b，图 2
5.3	**助理教练员**	
5.3.1	助理教练员坐在球队席上，但无任何权力。	
5.3.2	教练员因任何理由，包括被处罚必须离队但不包括作为队员上场时，由场上队长向裁判员请求，1 名助理教练员可以在教练员缺席期间承担其职责。	5.1.2，5.2

第三节　比赛方法

规则		参照规则
6	**得 1 分、胜 1 局与胜 1 场**	
6.1	**得 1 分**	
6.1.1	得分	
	某队得 1 分：	
6.1.1.1	球成功落在对方场区；	8.3，10.1.1

规则		参照规则
6.1.1.2	对方犯规；	6.1.2
6.1.1.3	对方受到判罚。	16.2.3，21.3.1
6.1.2	犯规 当队员的比赛行为违背规则（或其他方式的犯规）时，裁判员按以下规则做出判定：	
6.1.2.1	如果两个或更多的犯规先后发生，只判第1个犯规；	
6.1.2.2	如果双方队员同时犯规，判为“双方犯规”，该球重新比赛。	6.1.2，图11（23）
6.1.3	比赛过程和完整比赛过程 **比赛过程**是指从发球击球起至该球成死球止的比赛行为。**完整比赛过程**是造成了得分结果的比赛行为。	8.1，8.2，12.2.2.1，15.2.3，15.11.1.3，19.3.2.1，19.3.2.9
6.1.3.1	如果发球队获胜，得1分并继续发球；	
6.1.3.2	如果接发球队获胜，得1分并获得发球权。	

规则		参照规则
6.2	**胜 1 局**	图 11(9)
	每局（决胜的第 5 局除外）先得 25 分同时超过对方 2 分的队胜 1 局。当比分 24∶24 时，比赛继续进行至某队领先 2 分（26∶24、27∶25……）为止。	6.3.2
6.3	**胜 1 场**	图 11(9)
6.3.1	胜 3 局的队胜 1 场。	6.2
6.3.2	如果 2∶2 平局时，决胜的第 5 局打至15 分并领先对方 2 分的队获胜。	7.1
6.4	**弃权与阵容不完整**	
6.4.1	某队被召唤后拒绝比赛，则宣布该队为弃权。对方以每局 25:0 的比分和 3:0 的比局获胜。	6.2，6.3
6.4.2	某队无正当理由而未准时到达比赛场地，则宣布该队为弃权，结果同规则 6.4.1。	
6.4.3	某队被宣布 1 局或 1 场比赛阵容不完整时，输掉该局或该场比赛，判给对方胜该局或该场比赛所必要的分数和局数。阵	6.2，6.3，7.3.1

规则		参照规则
	容不完整的队保留其所得分数和局数。	
7	**比赛的组织**	
7.1	**抽签**	
	比赛开始前由第 1 裁判员主持抽签，决定第 1 局首先发球的队和场区。	12.1.1
	进行决胜局比赛前，应再次抽签。	6.3.2
7.1.1	抽签由双方队长参加。	5.1
7.1.2	抽签获胜方可以选择：	
7.1.2.1	发球或接发球；	12.1.1
7.1.2.2	或场区。	
	另一方挑选余下部分。	
7.2	**准备活动**	
7.2.1	在比赛开始前，如另有场地供比赛队进行活动，他们可以上网活动 6 分钟；如果没有，则活动 10 分钟。	
7.2.2	如果任何一方队长要求分开使用球网进行准备活动，他们可	7.2.1

规则		参照规则
	以各自使用3或5分钟。	
7.2.3	如果两队分开进行准备活动，首先发球的队先使用球网。	7.1.2.1，7.2.2
7.3	**开始阵容**	
7.3.1	每个队必须始终保持6名队员进行比赛。	6.4.3
	队员的轮转次序应按位置表登记的顺序进行，直至该局结束。	7.6
7.3.2	每局比赛开始前，教练员应及时将开始阵容登记在位置表上，签字后交给第2裁判员或记录员。	5.2.3.1，24.3.1，25.2.1.2
7.3.3	未列入开始阵容的队员，为该局的替补队员（自由防守队员除外）。	7.3.2，15.5
7.3.4	位置表一经交给第2裁判员或记录员，除正常换人外，其阵容不得更改。	15.2.2，15.5，图11(5)
7.3.5	当场上队员的位置与位置表不符时：	24.3.1
7.3.5.1	一局开始前，场上队员的位置与位置表不符时，必须按位置	7.3.2

规则		参照规则
	表进行纠正，无其他判处。	
7.3.5.2	一局开始前，场上有 1 名或更多队员没有登记在位置表上，必须按位置表进行纠正，无其他判处。	7.3.2
7.3.5.3	如果教练员要保持未登记的队员在场上，他必须请求正常的换人，并登记在记录表上。 如果队员的场上位置与位置表不符没有及时发现，发现时位置错误一方必须恢复正确站位，对方所得比分保留的同时得 1 分并获发球权，位置错误一方在位置错误期间所得的分数一律取消。	15.2.2， 图 11(5)
7.3.5.4	一名没有在记录表上登记的队员在比赛中被发现，对方所得比分保留的同时得 1 分并得发球权，该队将失去发现之前所得的比分和 / 或局数（0 : 25，如果必要），同时必须提交一份修订后的位置表并选派 1 名新	6.1.2，7.3.2

规则		参照规则
	的注册队员进场，代替非注册队员的位置。	
7.4	**位置**	图 4
	发球队员击球时，双方队员（发球队员除外）必须在本场区内按轮转次序站位。	7.6.1，8.1，12.4
7.4.1	队员场上位置为：	
7.4.1.1	靠近球网的 3 名队员为前排队员，其位置为 4 号位（左）、3 号位（中）和 2 号位（右）。	
7.4.1.2	另外 3 名队员为后排队员，其位置为5 号位（左）、6 号位（中）和 1 号位（右）。	
7.4.2	队员相互间的位置关系：	
7.4.2.1	每一名后排队员的位置必须比其相应的前排队员距离中线更远；	
7.4.2.2	前排和后排队员左右之间的位置按规则 7.4.1 的规定站位。	
7.4.3	队员的位置应根据其脚的着地部位判定：	图 4
7.4.3.1	每一名前排队员至少有 1 只脚	1.3.3

规则		参照规则
	的一部分，比同列后排队员的双脚距中线更近；	
7.4.3.2	每一名右（左）边队员至少有1只脚的一部分，比同排中间队员的双脚距右（左）边线更近。	1.3.2
7.4.4	发球击球后，队员可以在自己场区和无障碍区的任何位置。	
7.5	**位置错误**	图4，图11(13)
7.5.1	当发球队员击球时，如果队员不在其正确位置上，则构成位置错误犯规，其中包括通过错误替换上场的队员。	7.3，7.4，15.9
7.5.2	当发球队员击球时的犯规与对方位置错误同时发生，则发球犯规被认为在先。	12.4，12.7.1
7.5.3	如果发球队员击球后的犯规与对方位置错误同时发生，则对方位置错误在先。	12.7.2
7.5.4	位置错误的处理如下：	
7.5.4.1	该队被判失去1分，由对方发球；	6.1.3

规则		参照规则
7.5.4.2	队员必须恢复到正确位置。	7.3，7.4
7.6	**轮转**	
7.6.1	一局比赛中，轮转次序、发球次序以及队员位置的确定，均以位置表为依据。	7.3.1，7.4.1，12.2
7.6.2	接发球队获得发球权后，该队队员必须按顺时针方向轮转 1 个位置：2 号位队员转至 1 号位发球，1 号位队员转至 6 号位等。	12.2.2.2
7.7	**轮转错误**	图 11(13)
7.7.1	没有按照轮转次序进行发球为轮转错误，应做如下处理：	7.6.1，12
7.7.1.1	该队失 1 分，由对方发球；	6.1.3
7.7.1.2	队员的错误轮转次序必须纠正。	7.6.1
7.7.2	记录员应准确地确定其犯规何时发生，从而取消该队自犯规发生后的所有得分，对方得分仍然有效。	25.2.2.2
	如果不能确定犯规发生的时间，则仅判失 1 分，由对方发球。	6.1.3

第四节 比赛行为

规则		参照规则
8	**比赛的状态**	
8.1	**进入比赛**	
	经第1裁判员允许，发球队员击球为进入比赛。	12，12.3
8.2	**比赛的中止**	
	裁判员鸣哨即为比赛的中止。如果裁判员是因出现犯规而鸣哨，则比赛的中止是由犯规一刻开始的。	
8.3	**界内球**	图11(14)，图12(1)
	球触及比赛场区的地面包括界线为界内球。	1.1，1.3.2
8.4	**界外球**	
	下列情况为界外球：	
8.4.1	球接触地面的部分完全在界线以外；	1.3.2，图11(15)，图12(2)

规则		参照规则
8.4.2	球触及场外物体、天花板或非场上比赛队员；	图 11(15)，图 12(4)
8.4.3	球触及标志杆、网绳、网柱或球网标志带以外部分；	2.3，图 3，图 5a，图 11(15)，图 12(4)
8.4.4	球的整体或部分从过网区以外过网(规则 10.1.2 除外)；	2.3，图 5a，图 5b，图 11(15)，图 12(4)
8.4.5	球的整体从网下空间穿过。	23.3.2.3f，图 5a，图 11(22)

9 击球

比赛队必须在其本场区及空间内击球（规则 10.1.2 除外），但可以越出无障碍区救球。

9.1 球队的击球

比赛中，队员与球的任何触及都视为击球。（参照规则：14.4.1）

每队最多击球 3 次（拦网除外）

规则		参照规则
	将球击回对区，如果超过则判为“4 次击球”。	
9.1.1	连续击球	
	一名队员不得连续击球两次（规则 9.2.3、14.2 和 14.4.2 除外）。	9.2.3，14.2，14.4.2
9.1.2	同时击球	
	两名或 3 名队员可以同时触球。	
9.1.2.1	同队的两名（或 3 名）队员同时触到球时，被记为两次（或 3 次）击球（拦网除外）。如果只有其中 1 名队员触球，则只记 1 次。队员之间的碰撞不算犯规。	
9.1.2.2	两名不同队的队员在网上同时触球，比赛继续进行，获球一方可再击 3 次。如果该球落在某方场区之外，判对方击球出界。	
9.1.2.3	如果两名不同队的队员在网上同时触球并造成短暂停留，则比赛继续进行。	9.1.2.2

规则		参照规则
9.1.3	借助击球	
	队员不得在比赛场地之内借助同伴或任何物体支持进行击球。	1
	但是队员可以挡住或拉住另一名即将犯规（如触网、过中线等）的同队队员。	1.3.3，11.4.4
9.2	**击球的性质**	
9.2.1	球可以触及身体的任何部位。	
9.2.2	球不能被接住和 / 或抛出。球可以向任何方向弹出。	9.3.3
9.2.3	球可以触及身体的不同部位，但必须是同时。	
	下列情况除外：	
9.2.3.1	拦网时，1 名队员或多名队员可以在一个动作中连续触球；	14.1.1，14.2
9.2.3.2	在第 1 次击球时，允许身体不同部位在一个动作中连续触球。	9.1，14.4.1
*9.2.4**	*用上手传球动作接对方的发球时，如出现连击或持球，应判犯规。*	

* 经国际排联 2013 年 4 月 5 日召开的行政理事会决定，此条规则延缓执行。

规则		参照规则
9.3	**击球时的犯规**	
9.3.1	4 次击球：一个队连续击球 4 次。	9.1，图 11(18)
9.3.2	借助击球：队员在比赛场地内借助同伴或任何物体的支持进行击球。	9.1.3
9.3.3	持球：球被接住和 / 或抛出，而不是被弹击出。	9.2.2，图 11(16)
9.3.4	连击：一名队员连续击球两次，或球连续触及身体不同部位。	9.2.3，图 11(17)
10	**球网附近的球**	
10.1	**球通过球网**	
10.1.1	球必须通过球网上空的过网区进入对方场区。过网区是球网垂直平面的一部分，其范围：	2.4，10.2，图 5a
10.1.1.1	下至球网上沿；	2.2
10.1.1.2	两侧至标志杆及其延长线；	2.4
10.1.1.3	上至天花板。	
10.1.2	球的整体或部分从非过网区进入对方无障碍区，可以在下列情况下将球击回：	9.1，图 5b

规则		参照规则
10.1.2.1	队员不得触及对方场区；	11.2.2
10.1.2.2	球被击回时，球的整体或部分必须从同侧非过网区通过。对方队员不得阻碍此击球。	11.4.4，图 5b
10.1.3	球从网下飞向对方场区时，球的整体越过网下垂直平面前，可以将球击回。	23.3.2.3f，图 5a，图 11(22)
10.2	**球触球网**	
	球通过球网时可以触及球网。	10.1.1
10.3	**球入球网**	
10.3.1	球入球网后，可以在该队的 3次击球内再击。	9.1
10.3.2	如果球击破球网或使球网坠落，该球重新进行。	
11	**球网附近的队员**	
11.1	**越过球网**	
11.1.1	拦网时允许拦网队员越过球网触球，但不得在对方进攻性击球前或击球时干扰对方。	14.1，14.3
11.1.2	进攻性击球后允许手过网，但击球时必须在本场区空间。	

规则		参照规则
11.2	**网下穿越**	
11.2.1	在不干扰对方比赛的情况下，允许队员在网下穿越进入对方空间。	
11.2.2	穿越中线进入对方场区：	1.3.3，11.2.2.1，图 11(22)
11.2.2.1	队员的 1 只（两只）脚越过中线触及对方场区的同时，其余部分接触中线或置于中线上空是允许的；	1.3.3，图 11(22)
11.2.2.2	队员脚以上的身体任何其他部位，触及对方场区是允许的，但不得干扰对方比赛。	1.3.3，11.2.2.1，图 11(22)
11.2.3	比赛成死球后，队员可以进入对方场区。	8.2
11.2.4	在不干扰对方比赛的情况下，队员可以穿越进入对方的无障碍区。	
11.3	**触网**	
11.3.1	队员触网不是犯规，但干扰比赛的情况除外。	11.4.4，23.3.2.3c，24.3.2.3，图 3

规则		参照规则
11.3.2	队员可以触及网柱、网绳或标志杆以外的其他任何物体，包括球网本身，但不得干扰比赛。	图 3
11.3.3	由于球被击入球网而造成的球网触及队员，不为犯规。	
11.4	**队员在球网附近的犯规**	
11.4.1	对方进攻性击球前或击球时，在对方空间触及球或对方队员。	11.1.1，图 11(20)
11.4.2	从网下穿越进入对方空间并干扰对方比赛。	11.2.1
11.4.3	队员的双脚（单脚）全部越过中线进入对方场区。	11.2.2.2，图 11(22)
11.4.4	队员干扰比赛有下列情况（不仅如下）：	
	——击球时触及球网上沿的帆布带或球网以上的 80 厘米标志杆；	11.3.1
	——或击球时借助球网的支持；	图 11（19）
	——或造成了对本方有利；	
	——或妨碍了对方合法的击球试图。	

规则		参照规则
12	**发球**	
	后排右边的队员在发球区内将球击出而进入比赛的行动是发球。	1.4.2，8.1，12.4.1
12.1	**首先发球**	
12.1.1	第1局和第5局由抽签选定发球权的队首先发球。	6.3.2，7.1
12.1.2	其他各局由前一局未首先发球的队首先发球。	
12.2	**发球次序**	
12.2.1	队员发球的次序按位置表上的顺序进行。	7.3.1，7.3.2
12.2.2	一局的首先发球后，队员按下列规定进行发球：	12.1
12.2.2.1	当发球队胜1球时，原发球队员（或其替补队员）继续发球；	6.1.3，15.5
12.2.2.2	当接发球队胜1球时，获得发球权并轮转，由前排右队员轮转至后排右发球。	6.1.3，7.6.2
12.3	**发球的允许**	
	第1裁判员检查发球队员已持球在手，而且双方队员已做好	12，图11(1)

规则		参照规则
	比赛准备时，鸣哨允许发球。	
12.4	**发球的执行**	图 11(10)
12.4.1	球被抛起或持球手撤离后，必须在球落地前，用一只手或手臂的任何部分将球击出。	
12.4.2	球只能被抛起或撤离 1 次，但拍球或在手中摆弄球是允许的。	
12.4.3	发球队员在击球时或发球起跳时，不得踏及场区（包括端线）和发球区以外地面。	1.4.2，27.2.1.4，图 11(22)，图 12(4)
	击球后可以踏及或落在场区内或发球区以外。	
12.4.4	发球队员必须在第 1 裁判员鸣哨允许发球后 8 秒钟内将球发出。	12.3，图 11(11)
12.4.5	裁判员鸣哨允许发球前的发球无效。	12.3
12.5	**发球掩护**	图 6，图 11(12)
12.5.1	发球队的队员不得利用个人或集体掩护阻挡对方观察发球队员和球的飞行路线。	12.5.2

规则		参照规则
12.5.2	发球时，发球队的队员个人或集体挥臂、跳跃或移动，或集体密集站立遮挡了发球和球的飞行路线，则构成发球掩护。	12.4，图 6
12.6	**发球时的犯规**	
12.6.1	发球犯规	
	下列犯规应判为发球犯规，即使对方位置错误。发球队：	12.2.2.2，12.7.1
12.6.1.1	发球次序错误；	12.2
12.6.1.2	没有遵守“发球的执行”的规定。	12.4
I2.6.2	发球击球后的犯规	
	球被发出后出现以下情况仍为发球犯规（除非位置错误）：	12.4，12.7.2
12.6.2.1	球触及发球队队员或球的整体没有从过网区通过球网垂直平面；	8.4.4，8.4.5，10.1.1，图 11(19)
12.6.2.2	界外球；	8.4，图 11(15)
12.6.2.3	球越过发球掩护。	12.5，图 11(12)

规则		参照规则
12.7	**发球犯规与位置错误**	
12.7.1	如果发球犯规（不符合“发球的执行”、发球次序错误等）与对方位置错误同时发生，则判发球犯规。	7.5.1，7.5.2，12.6.1
12.7.2	如果发球击球后的犯规（界外、发球掩护等）与对方位置错误同时发生，则判位置错误犯规。	7.5.3，12.6.2
13	**进攻性击球**	
13.1	**进攻性击球的特性**	12，14.1.1
13.1.1	除发球和拦网外，所有直接向对方的击球都是进攻性击球。	
13.1.2	进攻性击球时，吊球是允许的，但击球必须清晰并不得接住或抛出。	9.2.2
13.1.3	球的整体通过球网垂直平面或触及对方队员，则认为完成进攻性击球。	
13.2	**进攻性击球的限制**	
13.2.1	前排队员可以对任何高度的球完成进攻性击球。但触球时必	7.4.1.1

规则		参照规则
	须在本场区空间（规则 13.2.4、13.3.6 除外）。	
13.2.2	后排队员可以在进攻线后对任何高度的球完成进攻性击球，但是：	1.4.1，7.4.1.2，19.3.1.2，图 8
13.2.2.1	起跳时脚不得踏及或越过进攻线；	1.3.4
13.2.2.2	击球后可以落在前场区。	1.4.1
13.2.3	后排队员也可以在前场区完成进攻性击球，但触球时球的一部分必须低于球网上沿。	1.4.1，7.4.1.2，图 8
13.2.4	接发球队队员不得在前场区内对高于球网上沿的对方发球完成进攻性击球。	1.4.1
13.3	**进攻性击球的犯规**	
13.3.1	在对方空间击球。	13.2.1，图 11(20)
13.3.2	击球出界。	8.4，图 11(15)
13.3.3	后排队员在前场区完成进攻性击球，并且击球时球的整体高于球网上沿。	1.4.1，7.4.1.2，13.2.3，图 11(21)

规则		参照规则
13.3.4	在前场区内对高于球网上沿的对方发球完成进攻性击球。	1.4.1，13.2.4，图 11(21)
13.3.5	自由防守队员对高于球网上沿的球完成进攻性击球。	19.3.1.2，23.3.2.3d，图 11(21)
13.3.6	队员在高于球网处，对同队自由防守队员在前场区用上手传出的球完成进攻性击球。	1.4.1，19.3.1.4，23.3.2.3e，图 11(21)

14 拦网

14.1 拦网

14.1.1	拦网是队员靠近球网在高于球网处阻挡对方来球的行动，与触球点是否高于球网无关，只有前排队员可以完成拦网，触球时身体必须有一部分高于球网上沿。	7.4.1.1
14.1.2	拦网试图 没有触及球的拦网行动为拦网试图。	
14.1.3	完成拦网	

规则		参照规则
	触及球的拦网行动为完成拦网。	图 7
14.1.4	集体拦网	
	两名或 3 名队员彼此靠近进行拦网为集体拦网，其中 1 人触球则为完成拦网。	
14.2	**拦网触球**	
	在一个动作中，球可以连续（迅速而连贯地）触及 1 名或更多的拦网队员。	9.1.1，9.2.3
14.3	**进入对方空间拦网**	
	拦网时队员可以将手或手臂伸过球网，但不得干扰对方击球。过网拦网的触球必须在对方进攻性击球之后。	13.1.1
14.4	**拦网与球队的击球**	
14.4.1	拦网的触球不算作球队 3 次击球的 1 次，拦网触球后该队还可以击球 3 次。	9.1，14.4.2
14.4.2	拦网后可以由任何一名队员进行第 1 次击球，包括拦网时已经触球的队员。	14.4.1
14.5	**拦发球**	12，图 11(12)

规则		参照规则
	拦对方的发球是被禁止的。	
14.6	**拦网犯规**	图 11(20)
14.6.1	在对方进攻性击球前或击球的同时，在对方空间完成拦网。	14.3
14.6.2	后排队员或自由防守队员完成拦网或参加了完成拦网的集体。	14.1，14.5，19.3.1.3
14.6.3	拦对方的发球。	14.5，图 11(12)
14.6.4	拦网出界。	8.4
14.6.5	从标志杆以外伸入对方空间拦网。	
14.6.6	自由防守队员试图进行个人或参加集体拦网。	14.1.1，19.3.1.3

第五节　比赛间断与延误比赛

规则		参照规则
15	**间断**	
	间断是完整的比赛过程后至下一次裁判员鸣哨发球之间的时间。**正常比赛**间断只有“暂停”和“换人”。	6.1.3，8.1，8.2，15.4，15.5，24.2.6

规则		参照规则
15.1	**合法比赛间断的次数**	
	每局比赛中，每队最多可以请求两次暂停和6人次换人。	6.2，15.4，15.5
15.2	**合法比赛间断次序**	
15.2.1	在同一次比赛间断中，可以请求1或2次暂停，一个队请求换人后，另一个队也可以请求换人。	15.4，15.5
15.2.2	在同一次比赛间断中，同一队不得连续提出换人请求。但在同一次换人请求中可以替换两名或更多的队员。	15.5，15.6.1
15.2.3	同一个队再次请求换人必须经过一次完整的比赛过程。	6.1.3，15.5
15.3	**请求合法比赛间断**	
15.3.1	只有教练员或教练员缺席时场上队长可以请求正常比赛间断。	5.1.2，5.2，5.3.2，15
15.3.2	一局开始前请求换人是允许的，但应计算在该局的正常换人次数之内。	7.3.4
15.4	**暂停与技术暂停**	
15.4.1	请求暂停，必须在比赛成死球后、裁判员鸣哨允许发球前，并使用相应的手势。所有被请	6.1.3，8.2，12.3，图11(4)

规则		参照规则
	求的暂停时间均为 30 秒钟。	
	国际排联世界和正式比赛中，必须使用蜂鸣器然后做出手势请求暂停。	图 11(4)
15.4.2	**国际排联世界和正式比赛第 1—4 局中，每局另外有两次时间各为 60 秒的技术暂停，每当领先队达到 8 分和 16 分时自动执行。**	26.2.2.3
15.4.3	**第 5 局（决胜局）没有技术暂停，每队可以请求时间各为 30 秒钟的两次正常暂停。**	15.1
15.4.4	**所有暂停时，比赛队员必须离开比赛场区到球队席附近的无障碍区。**	图 1a
15.5	**换人**	
15.5.1	一名队员离开比赛场地，而由另一名队员经记录员登记后占据其位置的行为称换人（自由防守队员的替换除外）。	19.3.2.1，图 11(5)
15.5.2	当一名受伤队员被强制替换时，教练员（或场上队长）须做出换人手势。	5.1.2.3，5.2.3.3，8.2，12.3，图 11(5)

规则		参照规则
15.6	**换人的限制**	
15.6.1	每局开始阵容中的队员，在同一局中可以退出比赛和再上场1次，而且只能回到原阵容的位置。	7.3.1
15.6.2	替补队员每局只能上场比赛1次，替换开始阵容的队员。而且他/她只能由被他/她替换下场的队员来替换。	7.3.1
15.7	**特殊换人**	
	某一队员（自由防守队员除外）受伤或生病不能继续比赛时，必须进行合法的换人。如果不能进行合法的换人时，可采取超出规则15.6限制的“特殊换人”。 特殊换人时，场外的任何队员，除自由防守队员或他/她所替换的队员外，都可以替换受伤队员。但受伤队员不可在本场比赛中再次上场比赛。 在任何情况下，特殊换人都不作为换人的次数计算，但应在	15.6，19.4.3

规则		参照规则
	记录表上进行记录。	
15.8	**被判罚出场与取消比赛资格的换人**	
	某队员被“判罚出场”或“取消比赛资格”时，必须进行合法换人。不能进行合法换人时，该队被宣布为“阵容不完整”。	6.4.3，7.3.1，15.6，21.3.2，21.3.3，图 11(5)
15.9	**不合法的换人**	
15.9.1	不合法的换人为超出规则 15.6 限制（规则 15.7 的情况除外）或涉及没有进行登记的运动员。	
15.9.2	某队进行了不合法的换人，而且比赛已重新开始，应按如下步骤进行处理：	8.1，15.6
15.9.2.1	判该队失 1 分，由对方发球；	6.1.3
15.9.2.2	对不合法的换人给予纠正；	
15.9.2.3	取消该队在此犯规中所得的分数，对方的得分保留。	
15.10	**换人的程序**	
15.10.1	换人必须在换人区内进行。	1.4.3，图 1b
15.10.2	换人时所持续的时间，仅限记录员登记和队员进出场必需的	15.10，24.2.6，25.2.2.3

规则		参照规则
	时间。	
15.10.3a	场外队员在比赛间断时只要进入了换人区，并且做好了上场的一切准备，就是提出了换人的请求。此时，除了受伤队员或局前的替换，教练员不必做出换人的手势。	
15.10.3b	没有做好准备的请求给予拒绝，并判为延误比赛。	16.2，图 9
15.10.3c	第 2 裁判员或记录员应以哨声或蜂鸣器认可换人的请求，第 2 裁判员负责批准换人的请求。**国际排联世界和正式比赛中，队员换人时须使用换人牌。**	24.2.6
15.10.4	如果某队在同一间断中想替换 1 名以上的队员，则所有请求上场的队员都必须进入换人区，替换时队员一对对相继进行。如其中有不合法的替换，必须予以拒绝并给予延误处罚。	1.4.3，15.2.2
15.11	**不符合规定的请求**	
15.11.1	下列情况为不符合规定的比赛	15

规则		参照规则
	间断请求：	
15.11.1.1	在比赛进行中或裁判员鸣哨允许发球的同时或之后提出请求；	12.3
15.11.1.2	无请求权的成员提出请求；	5.1.2.3，5.2.3.3
15.11.1.3	同一个队在同一比赛间断再次请求换人。除非运动员受伤或生病；	15.2.2，15.2.3，16.1，25.2.2.6
15.11.1.4	超过规定的正常暂停和换人次数的请求。	15.1
15.11.2	比赛中第1次没有影响和延误比赛的不符合规定的请求，应给予拒绝而不进行处罚，但必须登记在记录表中。	16.1，25.2.2.6
15.11.3	同一队比赛中再次提出不符合规定的请求都应判延误犯规。	16.1.4

16 延误比赛

16.1 延误比赛的类型

一个队拖延比赛继续进行的

	规则	参照规则
	不当行为为延误比赛，如下列情况（不仅如下）：	
16.1.1	拖延正常比赛间断；	15.10.2
16.1.2	在裁判员鸣哨恢复比赛后，拖延间断时间；	15
16.1.3	请求不合法的换人；	15.9
16.1.4	再次提出不符合规定的请求；	15.11.3
16.1.5	球队成员拖延比赛的继续进行。	
16.2	**对延误比赛的处罚**	图 9
16.2.1	“延误警告”和“延误判罚”是对全队延误比赛的处罚。	
16.2.1.1	延误比赛的处罚对全场比赛有效。	6.3
16.2.1.2	所有延误比赛的处罚都登记在记录表上。	25.2.2.6
16.2.2	在一场比赛中，对一个队成员的第 1 次延误比赛，给予“延误警告”。	4.1.1，图 11(25)
16.2.3	在一场比赛中，同一队的任何成员造成不论任何类型的第 2 次以及其后的延误比赛，都给予“延误判罚”，失 1 分并由对方发球。	6.1.3，图 11(25)

规则		参照规则
16.2.4	局前和局间的延误比赛处罚记在下一局中。	18.1
17	**例外的比赛中断**	
17.1	**受伤 / 生病**	8.1
17.1.1	比赛中出现严重伤害事故，裁判员应该立即中断比赛，允许医务人员进入场地。	
	该球重新比赛。	6.1.3
17.1.2	如果受伤 / 生病队员已不能进行合法换人和特殊换人，则给予该队员 3 分钟的恢复时间。一场比赛同一名队员只能给予 1 次供恢复的时间。	15.6，15.7，24.2.8
	如果该队员不能恢复，则该队被宣布为阵容不完整。	6.4.3，7.3.1
17.2	**外因造成的比赛中断**	
	比赛中出现任何外界干扰，都应停止比赛，该球重新比赛。	6.1.3，图 11(23)
17.3	**被拖延的间断**	
17.3.1	任何意外情况阻碍比赛继续进行时，第 1 裁判员、比赛组织	23.2.3

规则		参照规则
	者和管委会成员共同研究决定，采取措施恢复比赛。	
17.3.2	1 次或数次间断时间累计不超过 4 小时：	17.3.1
17.3.2.1	如果比赛仍在原场地进行，则间断的一局应保持原比分、原队员（判罚出场和取消比赛资格者除外）和原场上位置，已结束的各局比分保留；	1，7.3
17.3.2.2	如果比赛改在其他场地进行，则间断的一局应取消，但保持该局开始时的队员阵容（判罚出场和取消比赛资格者除外）重新比赛，已登记的所有警告与处罚有效，已结束的各局比分保留。	7.3，21.4.1，图 9
17.3.3	1 次或数次间断时间累计超过 4 小时，全场比赛重新开始。	

18 局间休息与交换场区

18.1 局间休息

所有局间休息均为 3 分钟。	4.2.4
局间休息用于交换场区和在记	7.3.2，18.2，

规则		参照规则
	录表上登记球队的阵容。	25.2.1.2
	应比赛主办者或组织者的要求，第 2、3 局之间的休息时间可延长至 10 分钟。	
18.2	**交换场区**	图 11(3)
18.2.1	每局结束后比赛队交换场区，决胜局除外。	7.1
18.2.2	决胜局中某队获得 8 分时两队交换场区，不休息，队员保持交换前的位置继续比赛。 如果未能及时交换场区，则应在发现此错误时立即交换，保留交换场区时两队已得的比分。	6.3.2，7.4.1，25.2.2.5

第六节　自由防守队员

规则		参照规则
19	**自由防守队员**	
19.1	**自由防守队员的指定**	5
19.1.1	每支球队有权在记录表上登记的队员名单中指定最多两名特	4.1.1

规则		参照规则
	殊防守队员：自由防守队员。	
19.1.2	所有的自由防守队员必须在比赛前登记在记录表规定的位置。	5.2.2，25.2.1.1，26.2.1.1
19.1.3	自由防守队员在场上时为场上自由防守队员，如果该队还有另外 1 名自由防守队员，则将成为第 2 自由防守队员。 任何时候只能有 1 名自由防守队员在场上。	
19.2	**自由防守队员的装备** 自由防守队员的服装颜色（或为新指定自由防守队员准备的背心）不能与其他队员服装颜色有任何的相同。 自由防守队员要着与其他队员制式一致的号码。 **国际排联世界和正式比赛，新指定的自由防守队员如果可能应与原自由防守队员服装一致，但应着自己的号码。**	4.3
19.3	**自由防守队员涉及的行为**	

规则		参照规则
19.3.1	比赛行为	
19.3.1.1	自由防守队员可以替换在后排的任何一名队员。	7.4.1.2
19.3.1.2	作为受限制的后排队员，他/她不可以在任何位置上（包括场区和无障碍区）完成球整体高于球网上沿的进攻性击球。	13.2.2，13.2.3，13.3.5
19.3.1.3	他/她不能进行发球、拦网和拦网试图。	12.4.1，14.6.2，14.6.6，图 11(12)
19.3.1.4	如果自由防守队员在前场区进行上手传球，其他队员在球的整体高于球网上沿的情况下不能进行进攻性击球。同样的传球行为在进攻区之外无妨。	1.4.1，13.3.6，23.3.2.3d、e，图 1b
19.3.2	自由防守队员的替换	
19.3.2.1	涉及到自由防守队员的替换不计算在换人次数之内。 自由防守队员替换不受次数限制，但涉及到一个自由防守队员的两次替换之间必须有一个	6.1.3，15.5

规则	参照规则
完整的比赛过程（一个处罚造成自由防守队员轮转到 4 号位或场上自由防守队员受伤造成的不完整过程除外）。	
19.3.2.2 场上队员可以被任何自由防守队员替换，场上自由防守队员可以由原场上队员替换，也可以由第 2 自由防守队员替换。	
19.3.2.3 每局比赛开始时，自由防守队员在第 2 裁判员核对场上位置后才能进场进行替换。	7.3.2，12.1
19.3.2.4 此后的自由防守队员替换必须在死球之后与裁判员鸣哨发球之前进行。	8.2，12.3
19.3.2.5 替换在鸣哨之后击球之前进行不被拒绝，但此行为不属合法程序，在该轮次结束时必须提醒场上队长，再次发生则给予延误处罚。	12.3，12.4，图 9
19.3.2.6 导致比赛中断的替换延误将立即受到延误处罚，由延误处罚的程度决定发球权。	16.2，图 9

规则		参照规则
19.3.2.7	自由防守队员替换上下的地点在“自由防守队员替换区”进行。	1.4.4，图 1b
19.3.2.8	所有涉及自由防守队员的替换必须在自由防守队员管理表上做记录（或登记在电子记录表上，如果使用）。	26.2.2.1，26.2.2.2
19.3.2.9	不合法的自由防守队员替换如下（不仅限于此）：	
	——自由防守队员的替换没有经过完整的比赛过程；	6.1.3
	——自由防守队员被不是原场上队员或第 2 自由防守队员的其他队员替换。	15.9
	不合法的自由防守队员替换的处理等同替换错误。	15.9
	如果自由防守队员的不合法替换在下一比赛过程开始之前被发现纠正，则该队应被判延误比赛。	图 9
	如果自由防守队员的不合法替换在发球击球之后被发现，则	15.9

规则		参照规则
	应判该队替换错误。	
19.4	**指定新自由防守队员**	
19.4.1	当自由防守队员因受伤、生病、被判罚出场或取消比赛资格等原因**不能**继续比赛时。	21.3.2，21.3.3，图 9
	自由防守队员可以由教练员或教练员不在场时由场上队长以任何原因**宣布**不能继续比赛。	5.1.2.1，5.2.1
19.4.2	比赛队只有 1 名自由防守队员：	
19.4.2.1	比赛队只有 1 名自由防守队员，当出现 19.4.1 所述状况或虽然登记但宣布不能比赛时，教练员（教练员不在场时由场上队长）可以指定 1 名不在场上的队员（替换上过场的队员除外）进行特殊替换为新自由防守队员。	19.4，19.4.1
19.4.2.2	如果**场上**自由防守队员宣布不能继续比赛时，可由原队员替换上场，或**立即进行**特殊自由防守队员替换。然而，自由防守队员经过特殊替换不能再次	

规则		参照规则
	回到比赛。 自由防守队员不在场上但宣布不能比赛时，仍可经过特殊替换上场，但再次宣布不能比赛时，则不能参加后续的比赛。	
19.4.2.3	教练员不在场时，由场上队长联系第 2 裁判员进行特殊替换。	5.1.2.1，5.2.1
19.4.2.4	自由防守队员特殊替换不受次数限制。	19.4.1
19.4.2.5	如果教练员指定队长为新自由防守队员是被允许的，但必须免除其一切队长的权力。	5.1.2，19.4.1
19.4.2.6	新指定的自由防守队员应在记录表的备注栏里做记录，随后的替换在自由防守队员管理表（或电子记录表）里做记录。	25.2.2.7，26.2.2.1
19.4.3	比赛队有两名自由防守队员	
19.4.3.1	比赛队在记录表上登记了两名自由防守队员，当其中 1 名自由防守队员不能继续比赛时，	4.1.1，19.1.1

规则		参照规则
	该队有权只使用1名自由防守队员比赛。	
	该队不得再指定新的自由防守队员，除非另一名自由防守队员也不能继续比赛。	19.4
19.5	**概要**	
19.5.1	如果自由防守队员被判罚出场或取消比赛资格，他/她可以被第2自由防守队员替换。如果该队只有1名自由防守队员，则有权指定新的自由防守队员。	19.4, 21.3.2, 21.3.3

第七节 参赛者的行为

规则		参照规则
20	**行为要求**	
20.1	**体育道德**	
20.1.1	参赛者必须了解并遵守正式排球规则。	
20.1.2	参赛者必须以良好的体育道德	

规则		参照规则
	行为服从裁判员的裁定，不允许进行争辩。	
	如果有疑问，可以并只能通过场上队长提请解释。	5.1.2.1
20.1.3	参赛者不得有任何目的在于影响裁判员判断或掩盖本队犯规的动作和行为表现。	
20.2	**公正竞赛**	
20.2.1	参赛者的行为必须符合“公正竞赛”的精神，不仅对裁判员，而且对其他工作人员、对方、本方以及观众都要尊重，有礼貌。	
20.2.2	比赛中，本队成员之间的交流是允许的。	5.2.3.4
21	**不良行为及其处罚**	
21.1	**轻微的不良行为**	
	对轻微的不良行为不进行处罚，但第1裁判员有责任防止运动队出现接近被处罚程度的行为。	5.1.2，21.3

规则		参照规则
	这里使用两种形式：	图 9，图 11(6a)
	1）通过场上队长进行口头警告； 2）向相关队的成员出示黄牌，虽然没有处罚，但要登记在记录表上，警告该队其行为已经接近被处罚的程度。	
21.2	**给予处罚的不良行为**	
	队的成员对裁判员、对方、同伴或观众的不良行为，按程度分为 3 类。	4.1.1
21.2.1	粗鲁行为：违背道德准则或文明举止，或有任何轻蔑的表示。	
21.2.2	冒犯行为：诽谤或侮辱的言语或形态。	
21.2.3	侵犯行为：人身攻击、侵犯或威吓行为。	
21.3	**处罚等级**	图 9
	第 1 裁判员根据不良行为的程度，分别给予**判罚、判罚出场或取消比赛资格**的处罚，登记在记录表上。	21.2，25.2.2.6

规则		参照规则
21.3.1	判罚	图 11(6b)
	用于全场比赛中任何成员的第1次粗鲁行为，判对方得分并发球。	4.1.1，21.2.1
21.3.2	判罚出场	图 11(7)
21.3.2.1	任何成员被判罚出场都必须坐在判罚区域内，不得继续参加该局的比赛，没有另外的判处。场上队员被判罚出场必须立刻进行合法替换。	1.4.6，4.1.1，5.2.1，5.3.2，图 1a，图 1b
	教练员被判罚出场应坐在判罚区域内，失去该局的指挥权力。	5.2.3.3
21.3.2.2	某成员第1次出现冒犯行为，判罚出场，无其他判处。	4.1.1，21.2.2
21.3.2.3	同一成员一场比赛中的第2次粗鲁行为，判罚出场，无其他判处。	4.1.1，21.2.1
21.3.3	取消比赛资格	图 11(8)
21.3.3.1	任何成员被取消比赛资格必须离开比赛控制区域，不得继续参加该场的比赛，没有另外的	4.1.1，图 1a

规则		参照规则
	判处。场上成员被取消比赛资格必须立刻进行合法替换。	
21.3.3.2	某成员第 1 次出现侵犯行为，取消比赛资格，无其他判处。	21.2.3
21.3.3.3	同一成员一场比赛中的第 2 次冒犯行为，取消比赛资格，无其他判处。	4.1.1，21.2.2
21.3.3.4	同一成员一场比赛中的第 3 次粗鲁行为，取消比赛资格，无其他判处。	4.1.1，21.2.1
21.4	**处罚的实施**	
21.4.1	不良行为的判处是针对个人的，对全场比赛有效，记录在记录表上。	21.3，25.2.2.6
21.4.2	同一成员在同一场比赛中重犯不良行为时，按处罚等级加一级处罚（该成员接受的处罚要重于前一次）。	4.1.1，21.2，21.3，图 9
21.4.3	对冒犯行为或侵犯行为的判罚出场或取消比赛资格，无须有先一次的判处。	21.2，21.3

规则		参照规则
21.5	**局前与局间的不良行为**	
	任何局前与局间的不良行为，都应按规则 21.3 进行处置，并记录在下一局中。	18.1，21.2，21.3
21.6	**不良行为的种类与红黄牌的使用**	图 11(6a、6b，7，8)
	警告：不处罚	21.1
	——形式 1：口头警告。	
	——形式 2：出示黄牌。	
	判罚：出示红牌。	21.3.1
	判罚出场：单手出示红牌 + 黄牌。	21.3.2
	取消比赛资格：双手分别出示红牌 + 黄牌。	21.3.3

第二章　裁判员及其职责与法定手势

第八节　裁判员

规则		参照规则
22	**裁判人员与工作程序**	
22.1	**裁判员的组成**	
	一场比赛的裁判员由以下人员组成：	
	——第 1 裁判员	23
	——第 2 裁判员	24
	——记录员	25
	——4 名（2 名）司线员	27
	他们的位置如图 10 所示	
	国际排联世界和正式比赛另设一名助理记录员	26
22.2	**工作程序**	
22.2.1	比赛进行中只有第 1 裁判员和第 2 裁判员可以鸣哨：	

规则		参照规则
22.2.1.1	第1裁判员鸣哨发球开始比赛；	6.1.3，12.3
22.2.1.2	第1裁判员和第2裁判员确认犯规发生并判明其性质，鸣哨中止比赛。	
22.2.2	在比赛中断期间，他们可以鸣哨表示同意或拒绝某队的请求。	5.1.2，8.2
22.2.3	裁判员鸣哨中止比赛后，应立即以法定手势表明：	22.2.1.2，28.1
22.2.3.1	如果是第1裁判员鸣哨中止比赛，他/她应指出：	
	a）发球的队；	12.2.2，图11（2）
	b）犯规的性质；	
	c）犯规的队员（必要时）；	
	第2裁判员跟随并重复其手势。	
22.2.3.2	如果是第2裁判员鸣哨中止比赛，他/她应指出：	
	a）犯规的性质；	
	b）犯规的队员（必要时）；	
	c）跟随第1裁判员指出发球的队。	12.2.2
	第1裁判员不用**同时再**出示犯	图11（2）

规则		参照规则
	规性质和犯规队员的手势，只指出发球队。	
22.2.3.3	如果后排队员或自由防守队员进攻性击球犯规，两名裁判员都有责任按上述程序做出手势。	12.2.2，13.3.3，13.3.5，19.3.1.2，23.3.2.3d、e，图 11(21)
22.2.3.4	如果是双方犯规，他们都要按顺序指出：	
	a）犯规的性质；	17.3，图 11（23）
	b）犯规的队员（必要时）；	
	c）应发球的队（随同第 1 裁判员）	12.2.2，图 11（2）

23　第 1 裁判员

23.1　位置

第 1 裁判员坐或站在记录台对面的球网一端裁判台上执行其职责，他/她的视线水平应高出球网上沿约 50 厘米。（参照规则：图 1a，图 1b，图 10）

规则		参照规则
23.2	**权力**	
23.2.1	第 1 裁判员自始至终领导该场比赛，对所有裁判员和队的成员行使权力。	4.1.1，6.3
	比赛中，他 / 她的判定是最终判定。如果发现其他裁判员的错误，他 / 她有权改判。	
	他 / 她甚至可以撤换一名不称职的裁判员。	
23.2.2	他 / 她同样掌管捡球员和擦地员工作。	3.3
23.2.3	他 / 她有权决定涉及比赛的问题，包括规则中没有规定的问题。	
23.2.4	他 / 她不允许对其判定进行任何讨论。	20.1.2
	但当场上队长提出请求时，他 / 她应对判定所依据的规则和规则的执行给予解释。	5.1.2.1
	如果场上队长表示不同意解释，并立即声明保留比赛结束后将抗议写在记录表上的要求	5.1.2.1，5.1.3.2，25.2.3.2

规则		参照规则
	时，他/她必须准许。	
23.2.5	比赛前和比赛中，第1裁判员负责决定赛场条件是否符合比赛要求。	第一节，23.3.1.1
23.3	**职责**	
23.3.1	比赛前，第1裁判员：	
23.3.1.1	检查场地、器材和比赛用球；	第一节，23.2.5
23.3.1.2	主持双方队长的抽签；	7.1
23.3.1.3	掌握两队的准备活动。	7.2
23.3.2	比赛中，第1裁判员有权：	
23.3.2.1	向球队提出警告。	21.1
23.3.2.2	对不良行为和延误比赛进行处置。	16.2，21.2，图9，图11（6a、6b，7，8，25）
23.3.2.3	判定：	
	a）发球犯规和发球队位置错误，包括发球掩护；	7.5，12.4，12.5，12.7.1，图4，D6，图11(12、13)

规则	参照规则
b）比赛中击球的犯规；	9.3，图 11（16、17）
c）高于球网和球网上部的犯规，以及主要是进攻一方的触网犯规；	11.3.1，11.4.1，11.4.4，图 11(20)
d）后排队员或自由防守队员的进攻性击球犯规；	13.3.3，13.3.5，24.3.2.4，图 8，图 11(21)
e）自由防守队员在前场区及延长区进行上手传球后，同伴在球高于球网处完成进攻性击球犯规；	1.4.1，13.3.6，24.3.2.4，图 11(21)
f）球的整体从网下空间穿越；	8.4.5，24.3.2.7，图 5a，图 11(22)
g）后排队员完成拦网，或自由防守队员试图拦网。	14.6.2，14.6.6，图 11(12)

规则		参照规则
23.3.3	比赛结束后，检查记录表并签字。	24.3.3，25.2.3.3
24	**第 2 裁判员**	
24.1	**位置**	
	第 2 裁判员站在第 1 裁判员对面，比赛场区外的网柱附近，面对第 1 裁判员执行其职责。	图 1a，图 1b，图 10
24.2	**权力**	
24.2.1	第 2 裁判员是第 1 裁判员的助手，但是也有自己的权限。 当第 1 裁判员不能继续工作时，他 / 她可以代替其执行职责。	24.3
24.2.2	他 / 她可以用手势指出其权限以外的犯规，但不得鸣哨，也不得对第 1 裁判员坚持自己的判断。	24.3
24.2.3	他 / 她掌管记录员的工作。	25.2，26.2
24.2.4	他 / 她监督坐在球队席上的球队成员，并将他们的不良行为报告给第 1 裁判员。	4.2.1

规则		参照规则
24.2.5	他 / 她掌管准备活动区域中的队员。	4.2.3
24.2.6	他 / 她允许比赛间断的请求，掌握间断时间和拒绝不符合规定的请求。	15，15.11，25.2.2.3
24.2.7	他 / 她掌握各队暂停和换人的次数，并将第 2 次暂停和第 5、6 次换人告诉第 1 裁判员和有关教练员。	15.1，25.2.2.3
24.2.8	发现队员受伤，他 / 她可以允许特殊换人，或予以 3 分钟的恢复时间。	15.7，17.1.2
24.2.9	他 / 她检查比赛场地的条件，主要是前场区。比赛中他 / 她还要检查球是否符合比赛要求。	1.2.1，3
24.2.10	监督判罚区域中受罚队的成员，并将其不良行为报告第 1 裁判员。 **国际排联世界和正式比赛，规则24.2.5 和 24.2.10 由替补裁判员负责。**	1.4.6，21.3.2

规则		参照规则
24.3	职责	
24.3.1	在每局开始、决胜局交换场区，以及任何必要的时候，检查场上队员的实际位置是否与位置表相符。	5.2.3.1，7.3.2，7.3.5，18.2.2
24.3.2	在比赛中，第2裁判员对以下犯规做出判断、鸣哨并做出手势：	
24.3.2.1	网下穿越进入对方场区和空间；	1.3.3，11.2，图5a，图11(22)
24.3.2.2	接发球队位置错误；	7.5，图4，图11(13)
24.3.2.3	拦网一侧的队员触网犯规或触及第2裁判员一侧的标志杆；	11.3.1
24.3.2.4	后排队员完成拦网和自由防守队员试图拦网犯规，或后排队员和自由防守队员进攻性击球犯规；	13.3.3，14.6.2，14.6.6，23.3.2.3d、e、g，图11(12、21)

规则	参照规则
24.3.2.5 球触及场外物体；	8.4.2，8.4.3，图 11(15)
24.3.2.6 第 1 裁判员难以观察时，球触及地面；	8.3
24.3.2.7 球的整体或部分从过网区以外过网，飞入对方场区，或触及他 / 她一侧的标志杆。	8.4.3，8.4.4，图 5a，图 11(15)
24.3.3 比赛结束后，检查记录表并签字。	23.3.3，25.2.3.3

25 记录员

25.1 位置

记录员坐在第 1 裁判员对面的记录台处，面对第 1 裁判员执行职责。（图 1a，图 16，图 10）

25.2 职责

根据规则填写记录表并与第 2 裁判员配合。

他 / 她通过蜂鸣器或其他声响通知裁判员以履行职责。

25.2.1 记录员在比赛前和每局前：

规则		参照规则
25.2.1.1	按照规定程序登记有关比赛和比赛队的情况，包括自由防守队员的姓名、号码，并获取双方队长和教练员的签字；	4.1，5.1.1，5.2.2，7.3.2，19.1.2，19.4.2.6
25.2.1.2	根据位置表登记各队的开始阵容。	5.2.3.1，7.3.2
	如果没有按时接到位置表，应立即通知第2裁判员。	5.2.3.1
25.2.2	记录员在比赛中：	
25.2.2.1	记录得分；	6.1
25.2.2.2	掌握各队的发球次序，发现发球次序错误时，应在发球击球后立即通知裁判员；	12.2
25.2.2.3	以蜂鸣器认可换人的请求，掌握并登记暂停和换人次数，并通知第2裁判员；	15.1，15.4.1，15.10.3c，24.2.6，24.2.7
25.2.2.4	对违背规则的非正常比赛间断请求要通知裁判员；	15.11
25.2.2.5	每局结束及决胜局8分时，向裁判员宣布；	6.2，15.4.1，18.2.2

规则	参照规则
25.2.2.6 记录警告、处罚的情况和不符合规定的请求；	15.11.3，16.2，21.3
25.2.2.7 在第 2 裁判员指导下登记其他事件，如特殊换人、恢复时间、被拖延的间断、外因造成的间断等；	15.7，17.1.2，17.2，17.3，19.4
25.2.2.8 掌握局间休息。	18.1
25.2.3 记录员在比赛结束后：	
25.2.3.1 登记最终结果；	6.3
25.2.3.2 如果有提出抗议的情况并得到第 1 裁判员同意，记录或允许队长将有关抗议的内容写在记录表上；	5.1.2.1，5.1.3.2，23.2.4
25.2.3.3 自己在记录表上签字后，取得双方队长和裁判员的签字。	5.1.3.1，23.3.3，24.3.3

26 助理记录员

26.1 位置

22.1，图 1a，图 1b，图 10

助理记录员坐在记录员的身旁执行职责。

规则		参照规则
26.2	**职责**	19.3
	记录有关自由防守队员的替换。	
	协助记录员工作。	
	记录员不能继续工作时，替代他 / 她。	
26.2.1	比赛和每局开始前，助理记录员：	
26.2.1.1	准备好自由防守队员管理表;	
26.2.1.2	准备好备用记录表。	
26.2.2	比赛中，助理记录员：	
26.2.2.1	详细记录自由防守队员正常和特殊的替换；	19.3.1.1，19.4
26.2.2.2	发现任何有关自由防守队员替换的犯规，用蜂鸣器通知裁判员；	19.3.2
26.2.2.3	掌握技术暂停开始和结束的时间；	15.4.1
26.2.2.4	操作记录台上的手动记分牌；	
26.2.2.5	监督记分牌的正确显示；	25.2.2.1
26.2.2.6	必要时填写好备用记录表的有关内容，交给记录员。	25.2.1.1
26.2.3	比赛结束后，助理记录员：	
26.2.3.1	在自由防守队员管理表上签字	

规则	参照规则
备查；	
26.2.3.2 在记录表上签字。	
国际排联世界和正式比赛使用电子记录表，助理记录员协助记录员进行普通替换和自由防守队员替换。	

27 司线员

27.1 位置	
如果是两名司线员，他们应该分别站在每位裁判员右手的场区角端，距场角 1~2 米处。	图 1a，图 1b，图 10
他们各自负责自己一侧的端线和边线。	
国际排联世界和正式比赛必须设 4 名司线员。	
他们站在无障碍区距场角 1~3 米的位置上，各负责一条界线。	图 10
27.2 职责	
27.2.1 他们用旗（40 厘米×40 厘米）按照图12 的旗示执行职责：	图 12

规则	参照规则
27.2.1.1 当球落在他们所负责的线的附近时，示以“界内”或“界外”；	8.3，8.4，图 12(1、2)
27.2.1.2 触及接球队员身体后出界的球，示以“触手出界”；	8.4，图 12(3)
27.2.1.3 示意球触及标志杆、发球和第三次击球后球从过网区外过网等；	8.4.3，8.4.4，10.1.1，图 5a，图 12(4)
27.2.1.4 示意发球击球时队员的脚踏出场区（发球队员除外）；	7.4，12.4.3，图 12(4)
27.2.1.5 发球队员脚的犯规；	12.4.3
27.2.1.6 队员击球时或干扰比赛的情况下，触及他 / 她一侧标志杆高于球网上沿 80 厘米的部分；	11.3.1，11.4.4，图 3，图 12(4)
27.2.1.7 球从标志杆外过网，并进入对方场区，或触及他 / 她一侧的标志杆。	10.1.1，图 5a，图 12(4)
27.2.2　在第 1 裁判员询问时，他 / 她必须重复旗示。	

规则	参照规则
28 法定手势	
28.1 裁判员的手势 裁判员必须以法定手势指出鸣哨的原因（犯规的性质或准许的比赛间断目的等）。手势应有短时间的展示。如果是单手做手势，应用与犯规队或请求队同侧的手表示。	图 11
28.2 司线员的旗示 司线员必须用法定的旗示表明犯规的性质，并有短时间的展示。	图 12

第三章　图　表

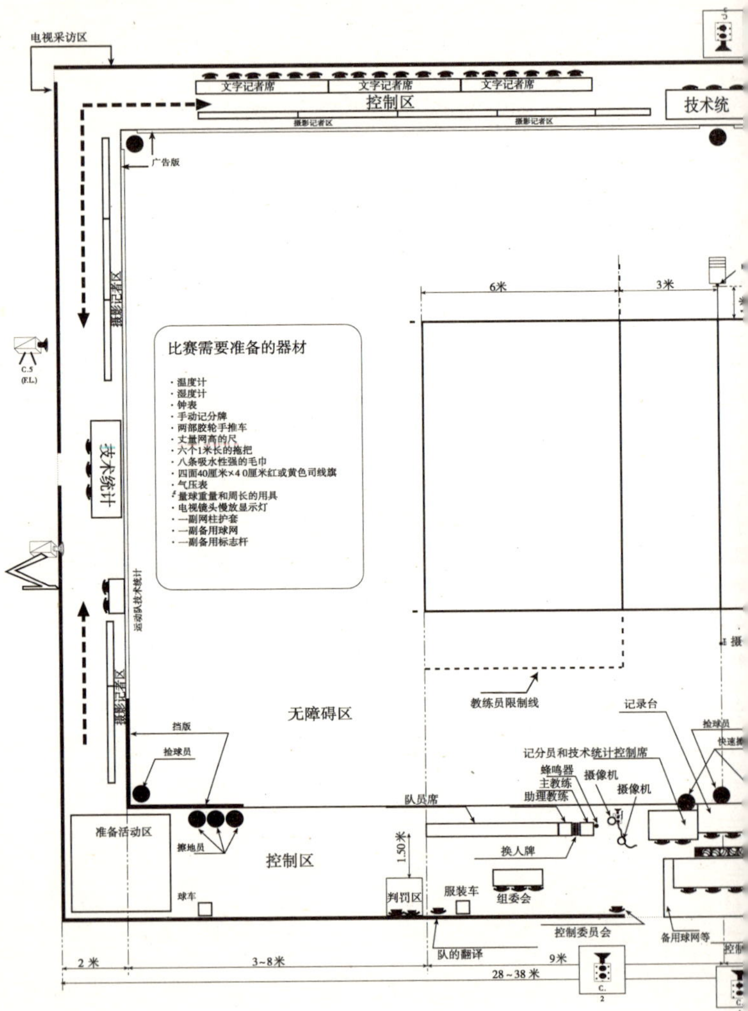

规则 1，1.4.5，1.4.6，4.2.1，4.2.3.1，15.4.4，19.3.2.7，

图 1a

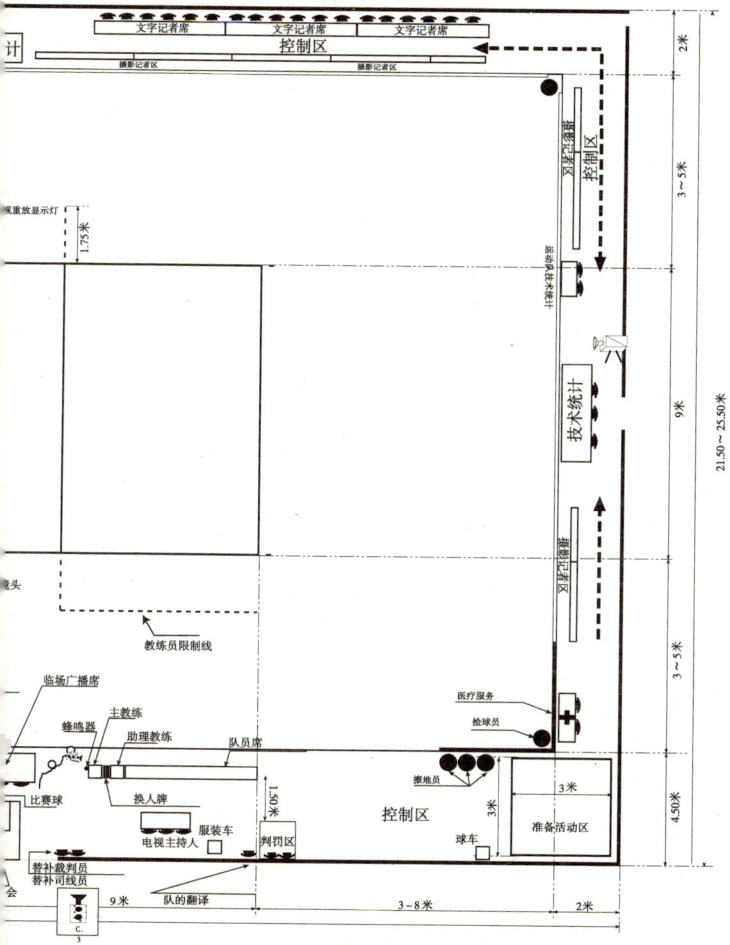

.3.2.1，21.3.3.1，23.1，24.1，25.1，26.1

地全图

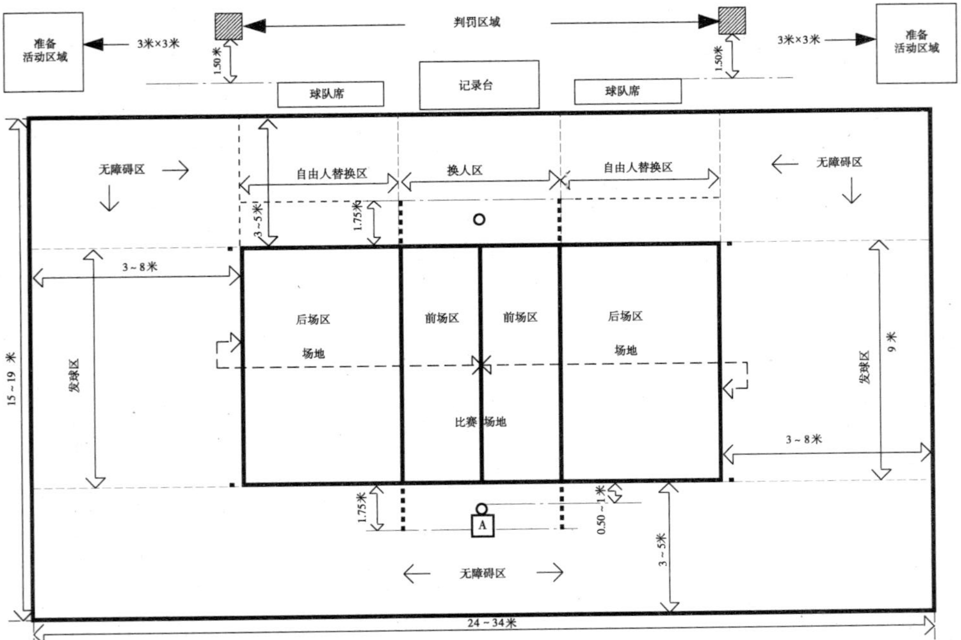

规则 1，1.4，1.4.2，1.4.3，1.4.4，1.4.5，1.4.6，4.2.1，4.2.3.1，15.10.1，19.3.1.4，19.3.2.7，21.3.2.1，23.1，24.1，25.1，26.1

图 1b 比赛场地

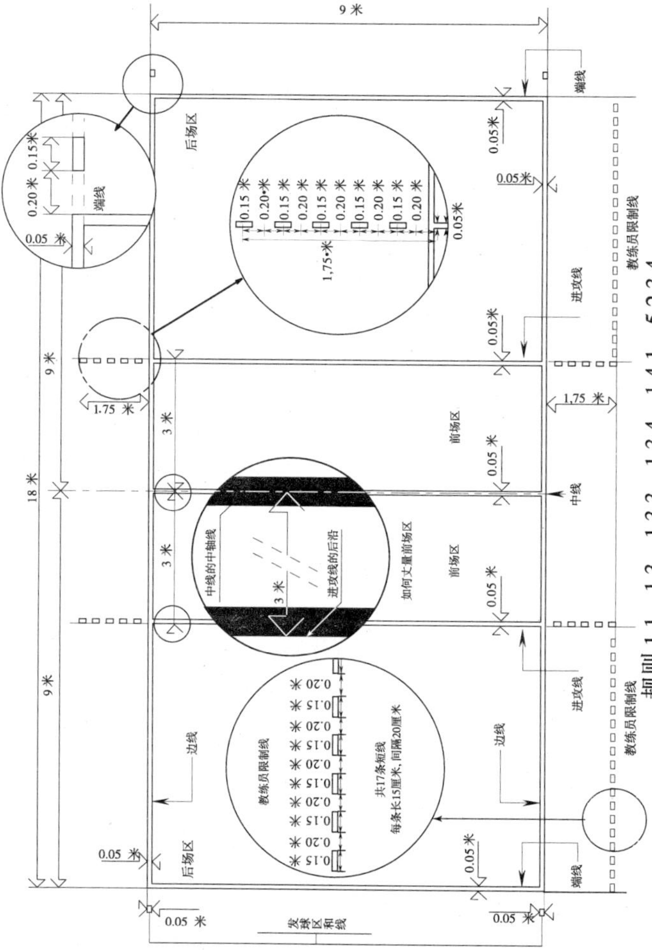

规则 1.1，1.3，1.3.3，1.3.4，1.4.1，5.2.3.4

图 2　比赛场区

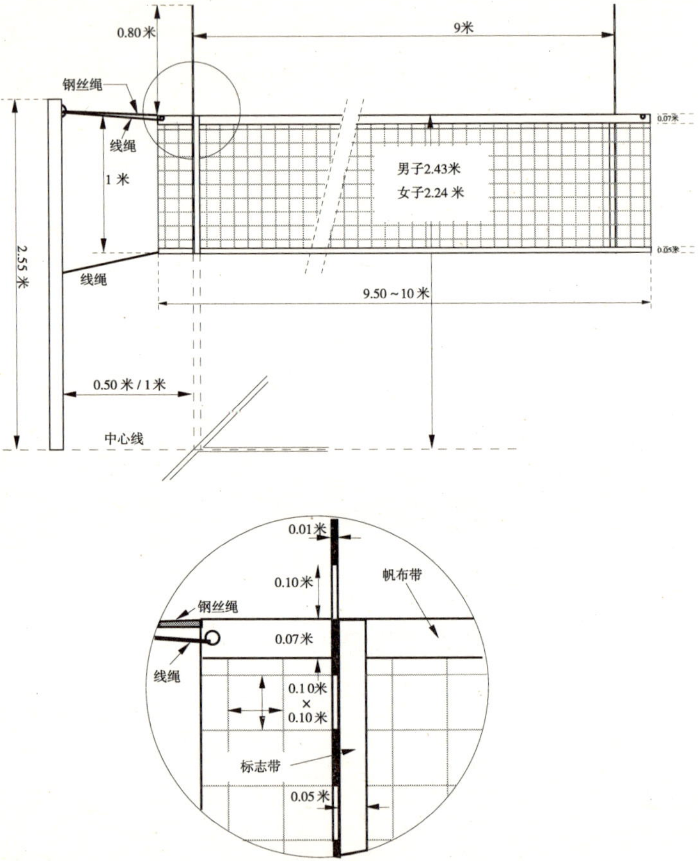

规则2，2.1.6，2.2，2.3，2.4，2.5.1，11.3.1，11.3.2，27.2.1.6

图3 球网的规格

例 A：前排队员与相应的后排队员位置关系

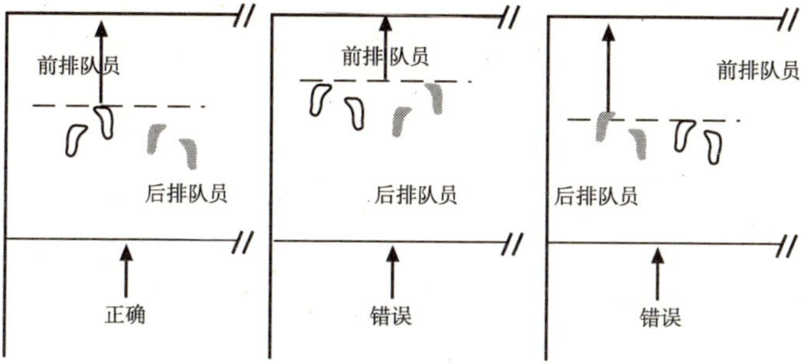

例 B：同排队员位置关系

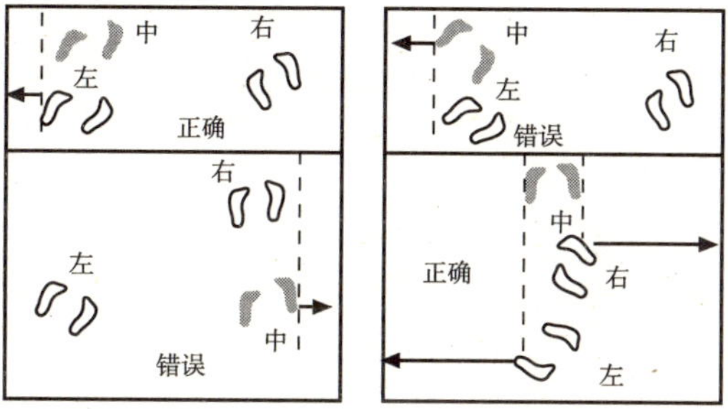

中 = 中间队员
右 = 右边队员
左 = 左边队员

规则 7.4，7.4.3，7.5，23.3.2.3a，24.3.2.2

图 4　队员的位置

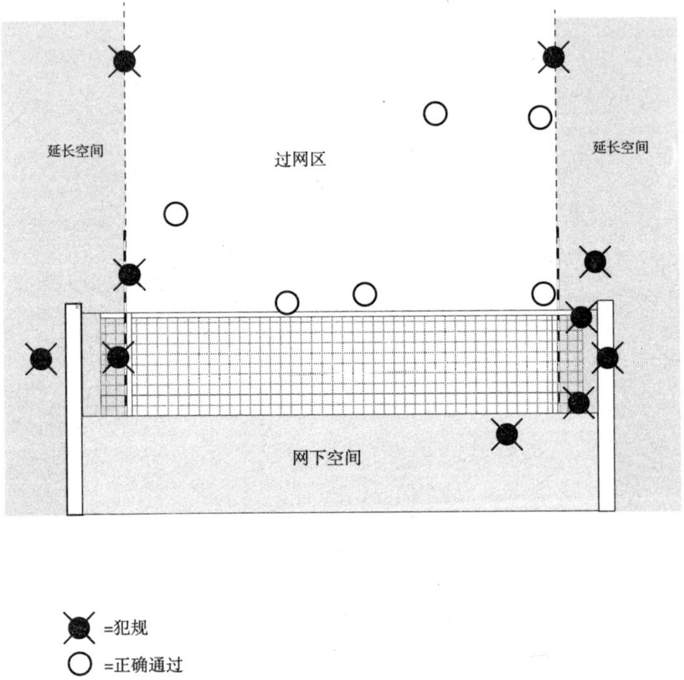

规则 2.4，8.4.3，8.4.4，8.4.5，10.1.1，
10.1.3，24.3.2.7，27.2.1.3，27.2.1.7

图 5a　球通过球网垂直平面进入对方场区

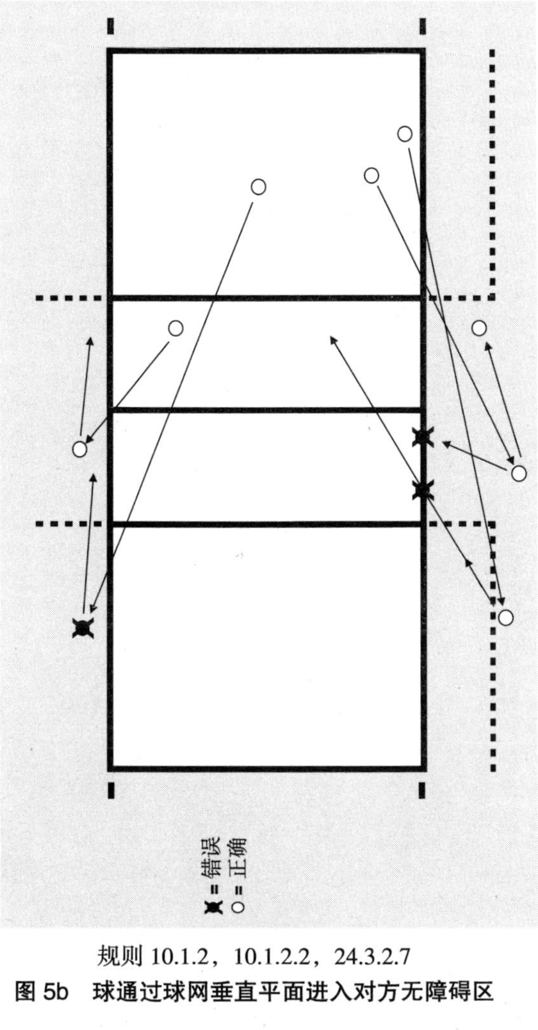

规则 10.1.2，10.1.2.2，24.3.2.7

图 5b　球通过球网垂直平面进入对方无障碍区

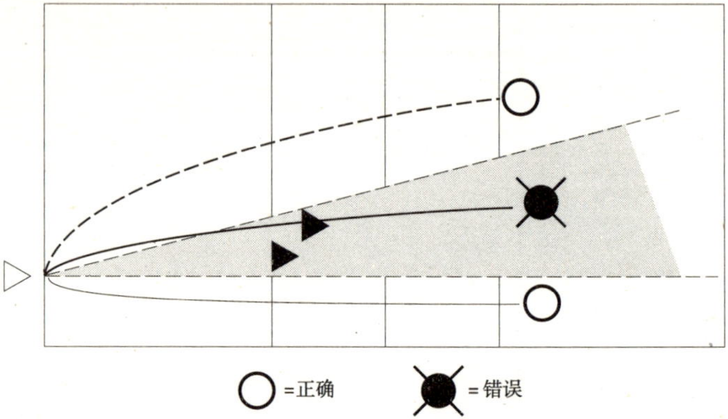

规则 12.5，12.5.2，23.3.2.3a

图 6　发球时的集体掩护

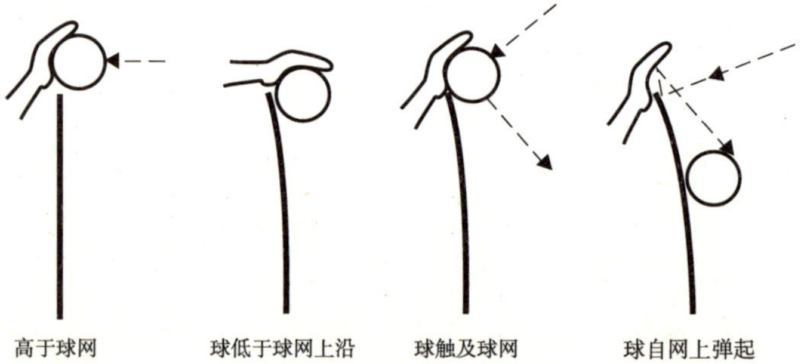

规则 14.1.3

图 7　完成拦网

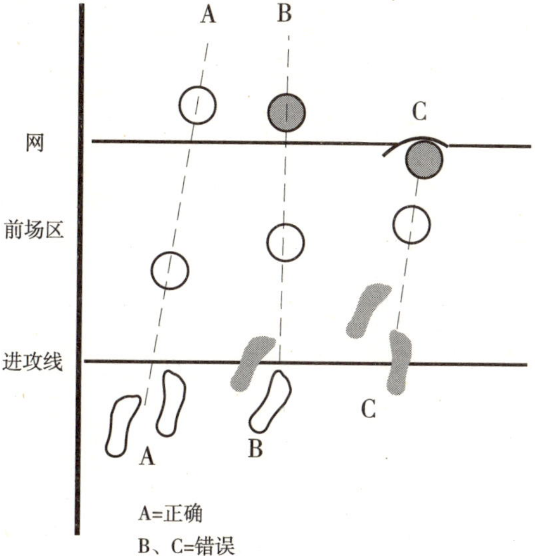

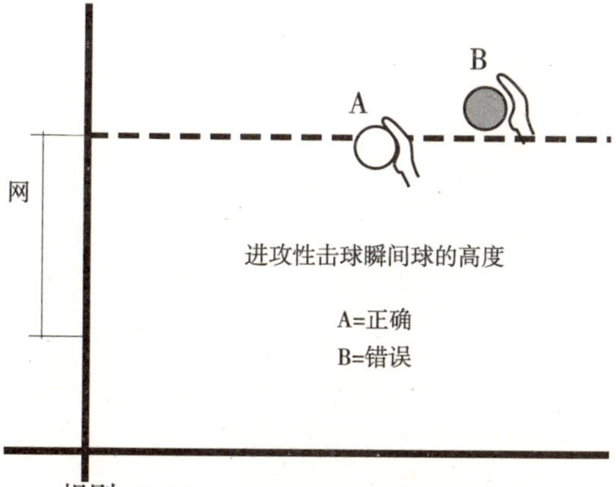

规则 13.2.2，13.2.3，23.3.2.3d，24.3.2.4

图 8　后排队员进攻性击球

不良行为处罚等级表

种类	发生次数	违反者	处罚	牌	结果
粗鲁行为	第一次	任一成员	判罚	红	失一球由对方发球
	第二次	同一成员	判罚出场	单手红＋黄	该局比赛离开比赛场地坐在判罚区域内
	第三次	同一成员	取消比赛资格	双手分持红+黄	该场比赛离开比赛控制区域
冒犯行为	第一次	任一成员	判罚出场	单手红＋黄	该局比赛离开比赛场地坐在判罚区域内
	第二次	同一成员	取消比赛资格	双手分持红+黄	该场比赛离开比赛控制区域
侵犯行为	第一次	任一成员	取消比赛资格	双手分持红+黄	该场比赛离开比赛控制区域

延误处罚等级表

种类	发生次数	违反者	处罚	牌	结果
延误	第一次	同队的任一成员	延误警告	手势25 黄牌	不予判罚防止重犯
	第二次（及其后的）	同队的任一成员	延误判罚	手势 25 红牌	对方得 1 分并发球

规则 16.2，21.3，21.4.2

图 9　处罚等级表

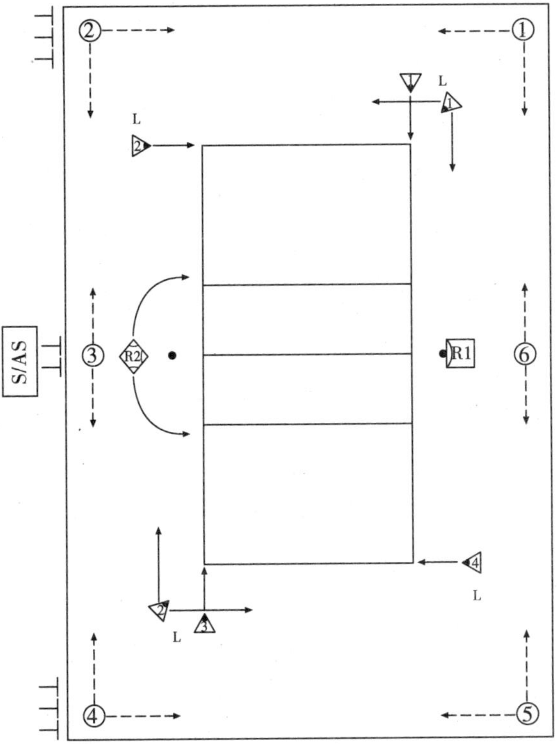

R1 = 第 1 裁判员

R2 = 第 2 裁判员

S/AS = 记录员 / 辅助记录员

▷ = 司线员（1 号—4 号或 1 号—2 号）

④ = 捡球员（1 号—6 号）

⊣ = 擦地员

规则 3.3，23.1，24.1，25.1，26.1 和 27.1

图 10　裁判员与辅助人员位置

1 允许发球

规则：12.3，22.2.1.1

挥动手臂，指出发球方向

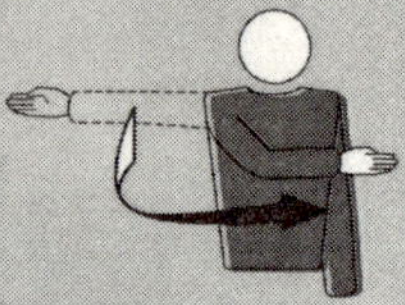

出示手势者：第 1 裁判员

2 发球队

规则：22.2.3.1，22.2.3.2，22.2.3.4

平举与发球队同侧的手臂

出示手势者：第 1、2 裁判员

3 交换场区

规则：18.2

两臂屈肘，在身体前后绕旋

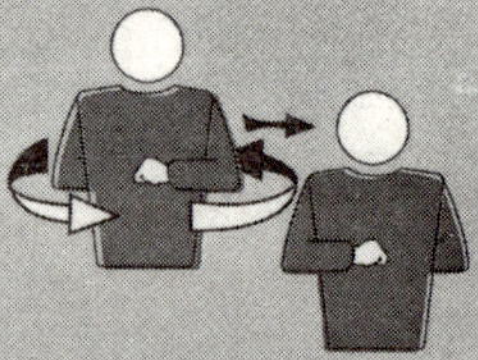

出示手势者：第 1 裁判员

4 暂停

规则：15.4.1

一臂屈肘抬起，手指向上；另一手掌放在该手指尖上，然后指明提出请求的队

出示手势者：第 1、2 裁判员

图 11　裁判员手势

5　换人

规则：15.5.1，15.5.2，15.8
两臂屈肘在胸前绕环

出示手势者：第 1、2 裁判员

6a　轻微不良行为的警告

规则：21.1，21.6
一手持黄牌举起

出示手势者：第 1 裁判员

6b　不良行为的判罚

规则：21.3.1，21.6，23.3.2.2
一手持红牌举起

出示手势者：第 1 裁判员

7　判罚出场

规则：21.3.2，21.6，23.3.2.2
一手持红牌和黄牌举起

出示手势者：第 1 裁判员

（图 11　裁判员手势）

8　取消比赛资格

规则：21.3.3，21.6，23.3.2.2

双手分别持红、黄牌举起

出示手势者：第 1 裁判员

9　一局（场）比赛结束

规则：6.2，6.3

两臂在胸前交叉，手伸开，掌心向内

出示手势者：第 1、2 裁判员

10　发球时球未抛起

规则：12.4.1

一臂慢慢举起，掌心向上

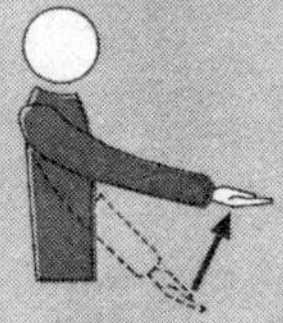

出示手势者：第 1 裁判员

11　发球延误

规则：12.4.4

举起 8 个手指并分开，掌心向前

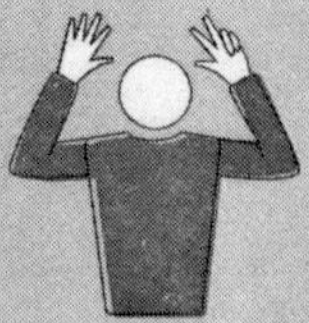

出示手势者：第 1 裁判员

（图 11　裁判员手势）

12　发球掩护或拦网犯规

规则：12.5，12.6.2.3，14.6.3，19.3.1.3，23.3.2.3a、g，24.3.2.4

两臂上举，掌心向前

出示手势者：第 1、2 裁判员

13　位置或轮转错误

规则：7.5，7.7，23.3.2.3a，24.3.2.2

一手食指在体前水平绕环

出示手势者：第 1、2 裁判员

14　界内球

规则：8.3

手臂和手指向地面

出示手势者：第 1、2 裁判员

15　界外球

规则：8.4.1，8.4.2，8.4.3，8.4.4，24.3.2.5，24.3.2.7

两臂屈肘上举，掌心向后

出示手势者：第 1、2 裁判员

（图 11　裁判员手势）

16 持球

规则：9.2.2，9.3.3，23.3.2.3b

屈肘慢举前臂，掌心向上

出示手势者：第 1 裁判员

17 连击

规则：9.3.4，23.3.2.3b

竖起两个手指并分开，掌心向前

出示手势者：第 1 裁判员

18 4 次击球

规则：9.3.1，23.3.2.3b

竖起4 个手指并分开，掌心向前

出示手势者：第 1、2 裁判员

19 队员触网和发球没有过网

规则：11.4.4，12.6.2.1

一手触犯规队一侧的球网

出示手势者：第 1、2 裁判员

（图 11 裁判员手势）

20　过网犯规

规则：11.4.1，13.3.1，14.3，14.6.1，23.3.2.3c

前臂置于球网上空，掌心向下

出示手势者：第 1 裁判员

21　进攻性击球犯规

规则：

——对后排队员、自由防守队员或对方发球：

13.3.3，13.3.4，13.3.5，23.3.2.3d、e，24.3.2.4

——对自由防守队员在前场区及其延长部分的上手传球：

13.3.6

一臂上举，前臂向下摆动

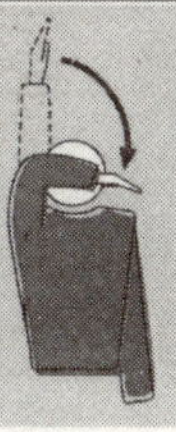

出示手势者：第 1、2 裁判员

22　进入对方场区或球从网下通过或发球时脚的犯规或发球一刻队员不在场区之内

规则：8.4.5，11.2.2，12.4.3，23.3.2.3a，f，24.3.2.1

指向中线或相关的线

出示手势者：第 1、2 裁判员

23　双方犯规和重新比赛

规则：6.1.2.2，17.2，22.2.3.4

两臂屈肘，竖起拇指

出示手势者：第 1 裁判员

（图 11　裁判员手势）

24 触手出界

规则：23.3.2.3b，24.2.2

用一手掌摩擦另一屈肘上举的指尖

出示手势者：第 1、2 裁判员

25 延误警告和判罚

规则：15.11.3，16.2.2，16.2.3，23.3.2.2

两臂屈肘上举，一手掌心向后，另一手持黄牌（警告）或红牌（判罚）贴靠其腕部

出示手势者：第 1 裁判员

（图 11　裁判员手势）

1 界内球

规则：8.3，27.2.1.1

向下示旗

出示旗示者：司线员

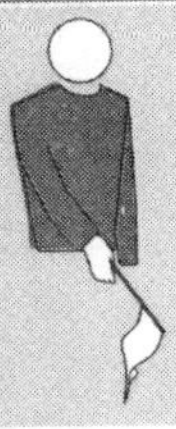

2 界外球

规则：8.4.1，27.2.1.1

向上示旗

出示旗示者：司线员

3 触手出界

规则：27.2.1.2

一手举旗，另一手掌置于旗杆顶

出示旗示者：司线员

4 发球时脚的犯规或球通过球网时的犯规、球触及场外物体的犯规等

规则：8.4.2，8.4.3，8.4.4，12.4.3，27.2.1.3，27.2.1.4，27.2.1.6，27.2.1.7

一手举旗绕环，另一手指标志杆、物体或相应的界线

出示旗示者：司线员

图 12　司线员旗示

5　无法判断

两臂胸前交叉

出示旗示者：司线员

（图 12　司线员旗示）

第三部分

定　义

比赛控制区域： 比赛控制区域是围绕比赛场区和无障碍区的走廊，包括广告牌或挡板以外的空间（见图 1）。

区： 区是比赛场地中（比赛场区和无障碍区）的不同部分，在规则中赋予特殊定义（或特殊限制）。区包括前场区、发球区、换人区、无障碍区、后场区和自由防守队员替换区。

区域： 区域是无障碍区以外部分地域，规则中赋予特殊功能。区域包括比赛控制区域、准备活动区域和判罚区域。

网下空间： 球网以下、地面以上、两根网柱之间的空间。

过网区： 过网区的界限是：
——球网的上沿；
——两根标志杆及其延长线；
——天花板。
球必须通过过网区进入对方场区。

延长空间： 除过网区和网下空间之外的球网垂直空间。

换人区： 进行换人的那部分无障碍区。

FIVB 特许： 在特定的条件下 FIVB（国际排联）安排试用一些特殊器材、设备，目的在于改善比赛条件或推动排球运动发展。

FIVB 标准： FIVB 对生产厂家提出的技术规格和要求。

判罚区域： 设在无障碍区外两条端线延长线后的比赛控制区域内，距球队席至少 1.5 米。

犯规： a）违反规则的比赛行为；
b）违反规则的非比赛行为。

摆弄球： 球在手中或两手之间被倒动、旋转等（目的在于准备抛或发球）。

技术暂停： 技术暂停是在正常暂停之外增加的强制性暂停，用于解说排球和增加商机推动排球运动的发展。在国际排联世界和正式比赛中强制使用。

捡球员： 捡球员在比赛成死球时，捡球供给发球队员，保证比赛流畅进行。

每球得分制： 是每胜1球都得分的计分体系。

局间： 两局之间的时间，第5局（决胜局）交换场区不能算作局间。

重新指定： 当自由防守队员或其他队员不能继续比赛时，可以由任何一名未在场上的队员替代（已经正常替换过的队员除外）。

自由防守队员替换：

一名正常队员离场，其位置由任一自由防守队员替代（不止1名自由防守队员时）的过程。自由防守队员替换可以在两名自由防守队员之间进行，也可以在其他队员与自由防守队员之间进行，但两次替换之间必须有完整的比赛过程。

干扰： 对对方球员的行动和击球动作起到妨碍的行为。

场外物体： 比赛场地之外或接近无障碍空间，并对球飞行造成障碍的物体或人，例如顶灯、裁判椅、电视设备、记分台、网柱等。场外物体不包括标志杆，标志杆是球网的一部分。

换人： 一名队员离开比赛场地，而由另一名队员占据其位置的行为。

附：

本《规则》的英文部分

说明：英文部分的页码，沿用原文，详见其目录。

FIVB
FÉDÉRATION INTERNATIONALE DE VOLLEYBALL

OFFICIAL VOLLEYBALL RULES
2013-2016

Approved by the 33rd FIVB Congress 2012

Official Volleyball Rules 2013-2016

Published by FIVB in 2012 – www.fivb.org

Design and layout: Samuel Chesaux

FÉDÉRATION INTERNATIONALE
DE VOLLEYBALL

OFFICIAL VOLLEYBALL RULES
2013-2016

Approved by the 33rd FIVB Congress 2012

To be implemented in all competitions from 1st January 2013
and in all competitions which are completed in 2013

CONTENTS

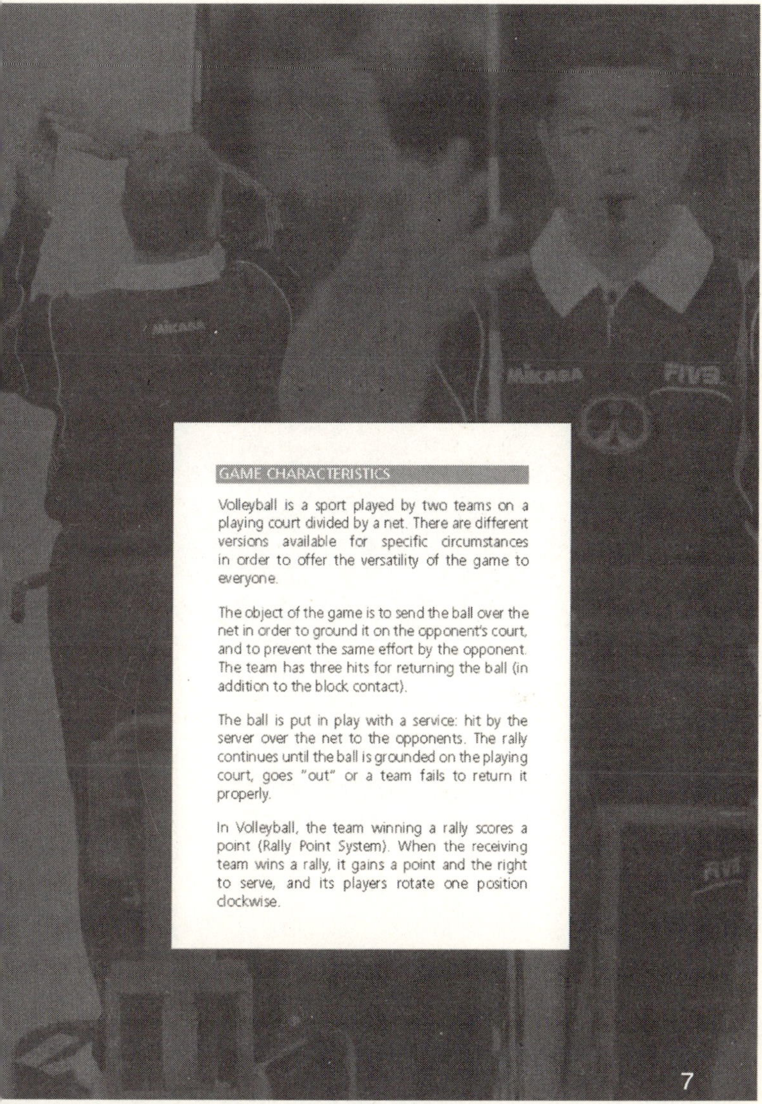

GAME CHARACTERISTICS

Volleyball is a sport played by two teams on a playing court divided by a net. There are different versions available for specific circumstances in order to offer the versatility of the game to everyone.

The object of the game is to send the ball over the net in order to ground it on the opponent's court, and to prevent the same effort by the opponent. The team has three hits for returning the ball (in addition to the block contact).

The ball is put in play with a service: hit by the server over the net to the opponents. The rally continues until the ball is grounded on the playing court, goes "out" or a team fails to return it properly.

In Volleyball, the team winning a rally scores a point (Rally Point System). When the receiving team wins a rally, it gains a point and the right to serve, and its players rotate one position clockwise.

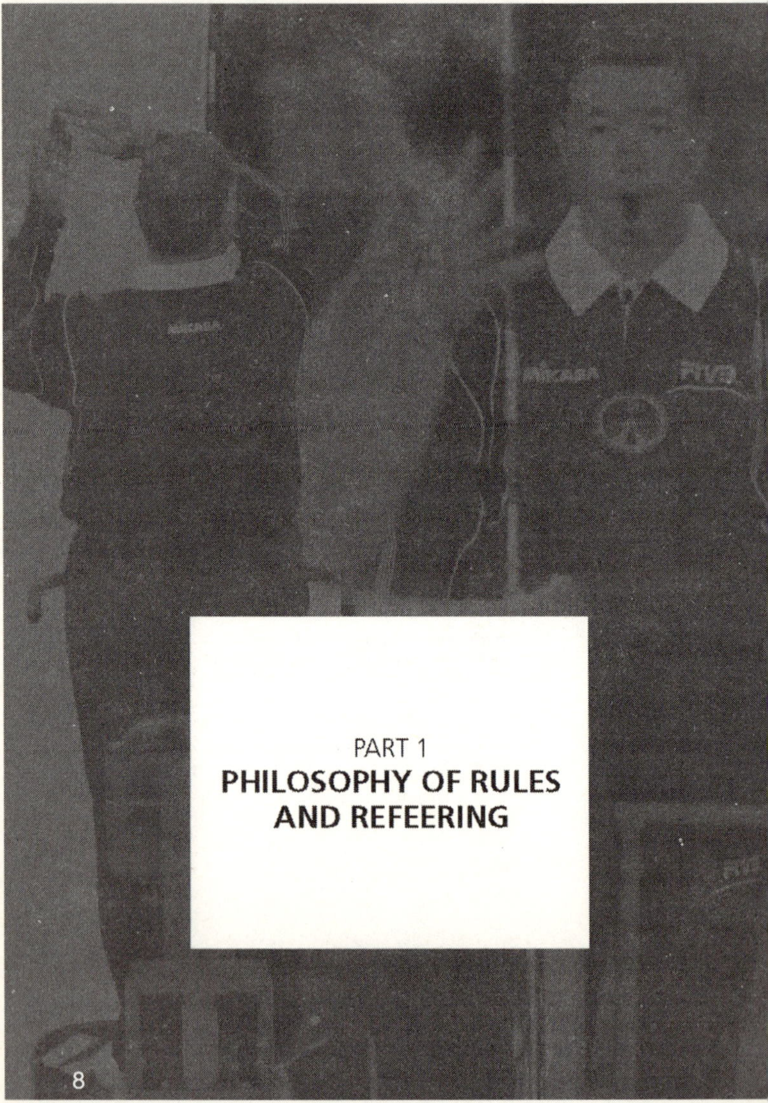

PART 1

PHILOSOPHY OF RULES AND REFEERING

INTRODUCTION

Volleyball is one of the most successful and popular competitive and recreational sports in the world. It is **fast**, it is **exciting** and the action is **explosive**. Yet Volleyball comprises several crucial overlapping elements whose complimentary **interactions** render it unique amongst rally games.

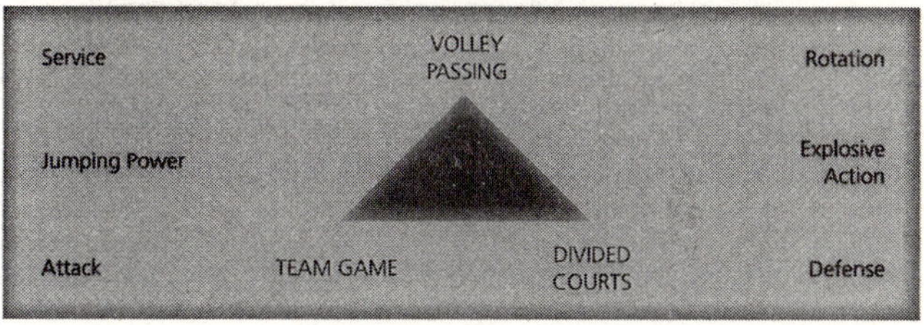

In recent years the FIVB has made great strides in adapting the game to a modern audience.

This text is aimed at a broad Volleyball public – players, coaches, referees, spectators, commentators – for the following reasons:

- understanding the rules better, allows better play – coaches can create better team structure and tactics, allowing players full rein to display their skills;
- understanding the relationship between rules allows officials to make better decisions.

This introduction at first focuses on Volleyball as a competitive sport, before setting out to identify the main qualities required for successful refereeing.

VOLLEYBALL IS A COMPETITIVE SPORT

Competition taps latent strengths. It exhibits the best of ability, spirit, creativity and aesthetics. The rules are structured to allow **all** of these qualities. With a few exceptions, Volleyball allows all players to operate both at the net (in attack) and in the back of the court (to defend or serve).

William Morgan, the game's creator, would still recognize it because Volleyball has retained certain distinctive and essential elements over the years. Some of these it shares with other net/ball/ racquet games:

- Service
- Rotation (taking turns to serve)
- Attack
- Defence

Volleyball is, however, unique amongst net games in insisting that the ball is in constant flight – a flying ball – and by allowing each team a degree of internal passing before the ball must be returned to the opponents.

The introduction of a specialist defensive player – the Libero – has moved the game forward in terms of rally length and multi-phase play. Modifications to the service rule have changed the act of service from simply a means of putting the ball in play to an offensive weapon.

The concept of rotation is entrenched to allow for all-round athletes. The rules on player positions must permit teams to have flexibility and to create interesting developments in tactics.

Competitors use this framework to contest techniques, tactics and power. The framework also allows players a freedom of expression to enthuse spectators and viewers.

And the image of Volleyball is increasingly a good one.

THE REFEREE WITHIN THIS FRAMEWORK

The essence of a good official lies in the concept of fairness and consistency:

– to **be** fair to every participant,
– to be **viewed** as fair by the spectators.

This demands a huge element of trust – the referee must be trusted to allow the players to entertain:

– by being **accurate** in his/her **judgement;**
– **by understanding why the rule is written;**
– by being an **efficient organizer;**
– by allowing the competition to flow and by **directing** it to a conclusion;
– by being an **educator** – using the rules to penalise the unfair or admonish the impolite;
– by **promoting** the game – that is, by **allowing the spectacular** elements in the game to shine and the best players to do what they do best: **entertain** the public.

Finally we can say that a good referee will use the rules to make the competition a fulfilling experience for **all** concerned.

To those who have read thus far, view the rules which follow as the current state of development of a great game, but keep in mind why these preceding few paragraphs may be of equal importance to you in your own position within the sport.

Get involved!
Keep the ball flying!

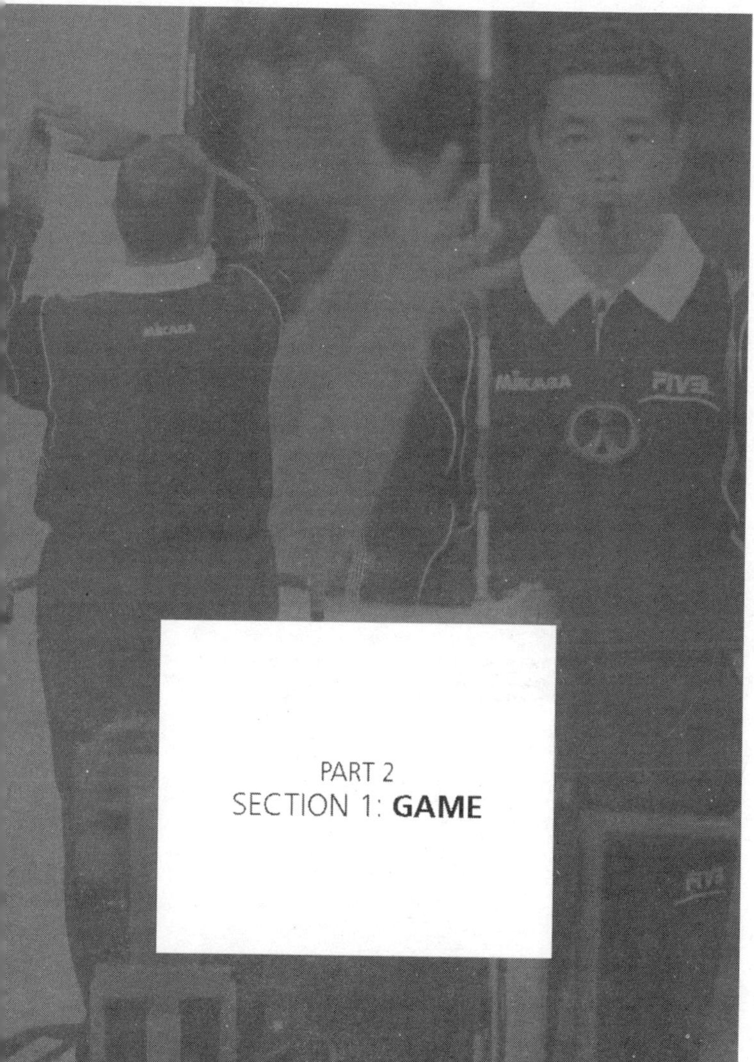

PART 2
SECTION 1: **GAME**

CHAPTER 1
FACILITIES AND EQUIPMENT

See Rules

1 PLAYING AREA

The playing area includes the playing court and the free zone. It shall be rectangular and symmetrical. 1.1, D1a, D1b

1.1 DIMENSIONS D2

The playing court is a rectangle measuring 18 x 9 m, surrounded by a free zone which is a minimum of 3 m wide on all sides.

The free playing space is the space above the playing area which is free from any obstructions. The free playing space shall measure a minimum of 7 m in height from the playing surface.

For FIVB, World and Official Competitions, the free zone shall measure a minimum of 5 m from the side lines and 8 m from the end lines. The free playing space shall measure a minimum of 12.5 m in height from the playing surface.

1.2 PLAYING SURFACE

1.2.1 The surface must be flat, horizontal and uniform. It must not present any danger of injury to the players. It is forbidden to play on rough or slippery surfaces.

For FIVB, World and Official Competitions, only a wooden or synthetic surface is allowed. Any surface must be previously approved by the FIVB.

1.2.2 On indoor courts the surface of the playing court must be of a light colour.

For FIVB, World and Official Competitions, white colours are required for the lines. Other colours, different from each other, are required for the playing court and the free zone. 1.1, 1.3

1.2.3 On outdoor courts a slope of 5 mm per metre is allowed for drainage. Court lines made of solid materials are forbidden. 1.3

1.3 LINES ON THE COURT D2

1.3.1 All lines are 5 cm wide. They must be of a light colour which is different from the colour of the floor and from any other lines. 1.2.2

1.3.2 Boundary lines

Two side lines and two end lines mark the playing court. Both side lines and end lines are drawn inside the dimensions of the playing court. 1.1

1.3.3 Centre line

The axis of the centre line divides the playing court into two equal courts measuring 9 x 9 m each; however the entire width of the line is considered to belong to both courts equally. This line extends beneath the net from side line to side line. D2

1.3.4 Attack line

On each court, an attack line, whose rear edge is drawn 3 m back from the axis of the centre line, marks the front zone. 1.3.3, 1.4.1

For FIVB, World and Official Competitions, the attack line is extended by the addition of broken lines from the side lines, with five 15 cm short lines 5 cm wide, drawn 20 cm from each other to a total length of 1.75 m. The "coach's restriction line" (a broken line which extends from the attack line to the end line of the court, parallel to the side line and 1.75 metres from it) is composed of 15 cm short lines drawn 20 cm apart to mark the limit of the coach's area of operation. D2

1.4 ZONES AND AREAS D1b, D2

1.4.1 Front zone 19.3.1.4, 23.3.2.3e, D2

On each court the front zone is limited by the axis of the centre line and the rear edge of the attack line. 1.3.3, 1.3.4, 19.3.1.4, 23.3.2.3e

The front zone is considered to extend beyond the side lines to the end of the free zone. 1.1, 1.3.2

1.4.2 Service zone

The service zone is a 9 m wide area behind each end line.

It is laterally limited by two short lines, each 15 cm long, drawn 20 cm behind the end line as an extension of the side lines. Both short lines are included in the width of the service zone. 1.3.2, 12, D1b

In depth, the service zone extends to the end of the free zone. 1.1

1.4.3 Substitution zone

The substitution zone is limited by the extension of both attack lines up to the scorer's table. 1.3.4, 15.6.1, D1b

1.4.4 Libero Replacement zone

The Libero Replacement zone is part of the free zone on the side of the team benches, limited by the extension of the attack line up to the end line. 19.3.2.7, D1b

1.4.5 Warm-up area

For FIVB, World and Official Competitions, the warm-up areas, sized approximately 3 x 3 m, are located in both of the bench-side corners, outside the free zone. 24.2.5, D1a, D1b

1.4.6 Penalty area

A penalty area, sized approximately 1 x 1 m and equipped with two chairs, is located in the control area, outside the prolongation of each end line. They may be limited by a 5 cm wide red line. 21.3.2.1, D1a, D1b

1.5 TEMPERATURE

The minimum temperature shall not be below 10° C (50° F).

For FIVB, World and Official Competitions, the maximum temperature shall not be higher than 25° C (77° F) and the minimum not lower than 16° C (61° F).

1.6 LIGHTING

For FIVB, World and Official Competitions, the lighting on the playing area should be 1000 to 1500 lux measured at 1 m above the surface of the playing area. 1

2 NET AND POSTS D3

2.1 HEIGHT OF THE NET

2.1.1 Placed vertically over the centre line there is a net whose top is set at the height of 2.43 m for men and 2.24 m for women. 1.3.3

2.1.2 Its height is measured from the centre of the playing court. The net height (over the two side lines) must be exactly the same and must not exceed the official height by more than 2 cm. 1.1, 1.3.2, 2.1.1

2.2 STRUCTURE

The net is 1 m wide and 9.50 to 10 metres long (with 25 to 50 cm on each side of the side bands), made of 10 cm square black mesh. D3

At its top a horizontal band, 7 cm wide, made of two-fold white canvas, is sewn along its full length. Each extreme end of the band has a hole, through which passes a cord, fastening the band to the posts for keeping its top taut.

Within the band, a flexible cable fastens the net to the posts and keeps its top taut.

At the bottom of the net there is another horizontal band, 5cm wide, similar to the top band, through which is threaded a rope. This rope fastens the net to the posts and keeps its lower part taut.

2.3 SIDE BANDS

Two white bands are fastened vertically to the net and placed directly above each side line. 1.3.2, D3

They are 5 cm wide and 1 m long and are considered as part of the net.

2.4 ANTENNAE

An antenna is a flexible rod, 1.80 m long and 10 mm in diameter, made of fibreglass or similar material.

An antenna is fastened at the outer edge of each side band. The antennae are placed on opposite sides of the net. 2.3, D3

The top 80 cm of each antenna extends above the net and is marked with 10 cm stripes of contrasting colour, preferably red and white.

The antennae are considered as part of the net and laterally delimit the crossing space. 10.1.1, D3, D5a, D5b

2.5 POSTS

2.5.1 The posts supporting the net are placed at a distance of 0.50-1.00 m outside the side lines. They are 2.55 m high and preferably adjustable. D3

For all FIVB, World and Official Competitions, the posts supporting the net are placed at a distance of 1 m outside the side lines.

2.5.2 The posts are rounded and smooth, fixed to the ground without wires. There shall be no dangerous or obstructing devices.

2.6 ADDITIONAL EQUIPMENT

All additional equipment is determined by FIVB regulations.

3 BALLS

3.1 STANDARDS

The ball shall be spherical, made of a flexible leather or synthetic leather case with a bladder inside, made of rubber or a similar material.

Its colour may be a uniform light colour or a combination of colours.

Synthetic leather material and colour combinations of balls used in international official competitions should comply with FIVB standards.

Its circumference is 65-67 cm and its weight is 260-280 g.

Its inside pressure shall be 0.30 to 0.325 kg/cm² (4.26 to 4.61 psi) (294.3 to 318.82 mbar or hPa).

3.2 UNIFORMITY OF BALLS

All balls used in a match must have the same standards regarding circumference, weight, pressure, type, colour, etc. 3.1

FIVB, World and Official Competitions, as well as National or League Championships, must be played with FIVB approved balls, unless by agreement of FIVB.

3.3 THREE-BALL SYSTEM

For FIVB, World and Official Competitions, three balls shall be used. In this case, six ball retrievers are stationed, one at each corner of the free zone and one behind each referee. D10

CHAPTER 2
PARTICIPANTS

		See Rules
4	**TEAMS**	
4.1	**TEAM COMPOSITION**	
4.1.1	For the match, a team may consist of up to 12 players, plus – Coaching Staff: one coach, a maximum of two assistant coaches, – Medical Staff: one team therapist and one medical doctor. Only those listed on the score sheet may normally enter the Competition/Control Area and take part in the official warm up and in the match. **For FIVB, World and Official Competitions the medical doctor and team therapist must be accredited beforehand by the FIVB.**	4.1.1.1, 5.2, 5.3
4.1.2	One of the players, other than the Libero, is the team captain, who shall be indicated on the score sheet.	5.1, 19.1.3
4.1.3	Only the players recorded on the score sheet may enter the court and play in the match. Once the coach and the team captain have signed the score sheet, (team list for electronic score sheet) the recorded players cannot be changed.	1, 4.1.1, 5.1.1, 5.2.2
4.2	**LOCATION OF THE TEAM**	
4.2.1	The players not in play should either sit on their team bench or be in their warm-up area. The coach and other team members sit on the bench, but may temporarily leave it.	1.4.5, 5.2.3, 7.3.3
	The benches for the teams are located beside the scorer's table, outside the free zone.	D1a, D1b
4.2.2	Only the team composition members are permitted to sit on the bench during the match and to participate in the official warm-up session.	4.1.1, 7.2
4.2.3	Players not in play may warm-up without balls as follows:	
4.2.3.1	during play: in the warm-up areas;	1.4.5, 8.1, D1a, D1b
4.2.3.2	during time-outs and technical time-outs: in the free zone behind their court.	1.3.3, 15.4

4.2.4 During set intervals, players may warm-up using balls within their own free zone. 18.1

4.3 EQUIPMENT

A player's equipment consists of a jersey, shorts, socks (the uniform) and sport shoes.

4.3.1 The colour and the design for the jerseys, shorts and socks must be uniform for the team *(except for the Libero)*. The uniforms must be clean. 4.1, 19.2

4.3.2 The shoes must be light and pliable with rubber or composite soles without heels.

4.3.3 Players' jerseys must be numbered from 1 to 20. 4.3.3.2

4.3.3.1 The number must be placed on the jersey at the centre of the front and of the back. The colour and brightness of the numbers must contrast with the colour and brightness of the jerseys.

4.3.3.2 The number must be a minimum of 15 cm in height on the chest, and a minimum of 20 cm in height on the back. The stripe forming the numbers shall be a minimum of 2 cm in width.

4.3.4 The team captain must have on his/her jersey a stripe of 8 x 2 cm underlining the number on the chest. 5.1

4.3.5 It is forbidden to wear uniforms of a colour different from that of the other players *(except for the Liberos)*, and/or without official numbers. 19.2

4.4 CHANGE OF EQUIPMENT

The 1st referee may authorize one or more players: 23

4.4.1 to play barefoot;

4.4.2 to change wet or damaged uniforms between sets or after substitution, provided that the colour, design and number of the new uniform(s) are the same; 4.3, 15.5

4.4.3 to play in training suits in cold weather, provided that they are of the same colour and design for the whole team *(except for the Liberos)* and numbered according to Rule 4.3.3. 4.1.1, 19.2

4.5 FORBIDDEN OBJECTS

4.5.1 It is forbidden to wear objects which may cause injury or give an artificial advantage to the player.

4.5.2 Players may wear glasses or lenses at their own risk.

5 TEAM LEADERS

Both the team captain and the coach are responsible for the conduct and discipline of their team members. 20

The Liberos cannot be either team or game captain.

5.1 CAPTAIN

5.1.1 PRIOR TO THE MATCH, the team captain signs the score sheet and represents his/her team in the toss. 7.1, 25.2.1.1

5.1.2 DURING THE MATCH and while on the court, the team captain is the game captain. When the team captain is not on the court, the coach or the team captain must assign another player on the court, but not the Libero, to assume the role of game captain. This game captain maintains his/her responsibilities until he/she is substituted, or the team captain returns to play, or the set ends. 15.2.1

When the ball is out of play, only the game captain is authorized to speak to the referees: 8.2

5.1.2.1 to ask for an explanation on the application or interpretation of the Rules, and also to submit the requests or questions of his/her team-mates. If the game captain does not agree with the explanation of the 1st referee, he/she may choose to protest against such decision and immediately indicates to the 1st referee that he/she reserves the right to record an official protest on the score sheet at the end of the match; 23.2.4

5.1.2.2 to ask authorization:

a) to change all or part of the equipment, 4.3, 4.4.2

b) to verify the positions of the teams, 7.4, 7.6

c) to check the floor, the net, the ball, etc.; 1.2, 2, 3

5.1.2.3 in the absence of the coach to request time-outs and substitutions. 15.3.1, 15.4.1, 15.5.2

5.1.3 AT THE END OF THE MATCH, the team captain: 6.3

5.1.3.1 thanks the referees and signs the score sheet to ratify the result; 25.2.3.3

5.1.3.2 may, when it has been notified in due time to the 1st referee, confirm and record on the score sheet an official protest regarding the referee's application or interpretation of the rules. 5.1.2.1, 25.2.3.2

5.2	**COACH**	
5.2.1	Throughout the match, the coach conducts the play of his/her team from outside the playing court. He/she selects the starting line-ups, the substitutes, and takes time-outs. In these functions his/her contacting official is the 2nd referee.	1.1, 7.3.2, 15.4.1, 15.5.2
5.2.2	PRIOR TO THE MATCH, the coach records or checks the names and numbers of his/her players on the score sheet, and then signs it.	4.1, 19.1.3, 25.2.1.1
5.2.3	DURING THE MATCH, the coach:	
5.2.3.1	prior to each set, gives the 2nd referee or the scorer the line-up sheet(s) duly filled in and signed;	7.3.2, 7.4, 7.6
5.2.3.2	sits on the team bench nearest to the scorer, but may leave it;	4.2
5.2.3.3	requests time-outs and substitutions;	15.4, 15.5
5.2.3.4	may, as well as other team members, give instructions to the players on the court. The coach may give these instructions while standing or walking within the free zone in front of his/her team's bench from the extension of the attack line up to the warm-up area, without disturbing or delaying the match.	1.3.4, 1.4.5, D2
	For FIVB, World and Official Competitions, the coach is restricted to performing his/her function behind the coach's restriction line.	D1a, D1b, D2
5.3	**ASSISTANT COACH**	
5.3.1	The assistant coach sits on the team bench, but has no right to intervene in the match.	
5.3.2	Should the coach have to leave his/her team for any reason including sanction, but excluding entering the court as a player, an assistant coach may assume the coach's functions for the duration of the absence, once confirmed to the referee by the game captain.	5.1.2, 5.2

CHAPTER 3
PLAYING FORMAT

See Rules

6 TO SCORE A POINT, TO WIN A SET AND THE MATCH

6.1 TO SCORE A POINT

6.1.1 Point

A team scores a point:

6.1.1.1 by successfully grounding the ball on the opponent's court; 8.3, 10.1.1

6.1.1.2 when the opponent team commits a fault; 6.1.2

6.1.1.3 when the opponent team receives a penalty. 16.2.3, 21.3.1

6.1.2 Fault

A team commits a fault by making a playing action contrary to the rules (or by violating them in some other way). The referees judge the faults and determine the consequences according to the rules:

6.1.2.1 if two or more faults are committed successively, only the first one is counted;

6.1.2.2 if two or more faults are committed by opponents simultaneously, a DOUBLE FAULT is called and the rally is replayed. 6.1.2, D11 (23)

6.1.3 Rally and completed rally

A **rally** is the sequence of playing actions from the moment of the service hit by the server until the ball is out of play. A **completed rally** is the sequence of playing actions which results in the award of a point. 8.1, 8.2, 12.2.2.1, 15.2.3, 15.11.1.3, 19.3.2.1, 19.3.2.9

6.1.3.1 If the serving team wins a rally, it scores a point and continues to serve.

6.1.3.2 If the receiving team wins a rally, it scores a point and it must serve next.

6.2 TO WIN A SET D11 (9)

A set (except the deciding 5th set) is won by the team which first scores 25 points with a minimum lead of two points. In the case of a 24-24 tie, play is continued until a two-point lead is achieved (26-24; 27-25; ...). 6.3.2

6.3 TO WIN THE MATCH D11 (9)

6.3.1 The match is won by the team that wins three sets. 6.2

6.3.2 In the case of a 2-2 tie, the deciding 5th set is played to 15 points with a minimum lead of 2 points. 7.1

6.4 DEFAULT AND INCOMPLETE TEAM

6.4.1 If a team refuses to play after being summoned to do so, it is declared in default and forfeits the match with the result 0-3 for the match and 0-25 for each set. 6.2, 6.3

6.4.2 A team that, without justifiable reason, does not appear on the playing court on time is declared in default with the same result as in Rule 6.4.1.

6.4.3 A team that is declared INCOMPLETE for the set or for the match, loses the set or the match. The opponent team is given the points, or the points and the sets, needed to win the set or the match. The incomplete team keeps its points and sets. 6.2, 6.3, 7.3.1

7 STRUCTURE OF PLAY

7.1 THE TOSS

Before the match, the 1st referee carries out a toss to decide upon the first service and the sides of the court in the first set. 12.1.1

If a deciding set is to be played, a new toss will be carried out. 6.3.2

7.1.1 The toss is taken in the presence of the two team captains. 5.1

7.1.2 The winner of the toss chooses:

EITHER

7.1.2.1 the right to serve or to receive the service, 12.1.1

OR

7.1.2.2 the side of the court.

The loser takes the remaining choice.

7.2 OFFICIAL WARM-UP SESSION

7.2.1 Prior to the match, if the teams have previously had a playing court at their disposal, they are entitled to a 6-minute official warm-up period together at the net; if not, they may have 10 minutes.

7.2.2 If either captain requests separate (consecutive) official warm-ups at the net, the teams are allowed 3 minutes each or 5 minutes each. 7.2.1

7.2.3	In the case of consecutive official warm-ups, the team that has the first service takes the first turn at the net.	7.1.2.1, 7.2.2

7.3 TEAM STARTING LINE-UP

7.3.1	There must always be six players per team in play.	6.4.3
	The team's starting line-up indicates the rotational order of the players on the court. This order must be maintained throughout the set.	7.6
7.3.2	Before the start of each set, the coach has to present the starting line-up of his/her team on a line-up sheet. The sheet is submitted, duly filled in and signed, to the 2nd referee or the scorer.	5.2.3.1, 24.3.1, 25.2.1.2
7.3.3	The players who are not in the starting line-up of a set are the substitutes for that set (except the Liberos).	7.3.2, 15.5
7.3.4	Once the line-up sheet has been delivered to the 2nd referee or scorer, no change in the line-up may be authorized without a regular substitution.	15.2.2, 15.5, D11 (5)
7.3.5	Discrepancies between players' position on court and on the line-up sheet are dealt with as follows:	24.3.1
7.3.5.1	when such a discrepancy is discovered before the start of the set, players' positions must be rectified according to those on the line-up sheet – there will be no sanction;	7.3.2
7.3.5.2	when, before the start of the set, any player on court is found not to be registered on the line-up sheet of that set, this player must be changed to conform to the line-up sheet – there will be no sanction;	7.3.2
7.3.5.3	however, if the coach wishes to keep such non-recorded player(s) on the court, he/she has to request regular substitution(s), by use of the corresponding hand signal, which will then be recorded on the score sheet.	15.2.2, D11 (5)
	If a discrepancy between players' positions and the line-up sheet is discovered later, the team at fault must revert to the correct positions. The opponent's points remain valid and in addition they receive a point and the next service. All points scored by the team at fault from the exact moment of the fault up to the discovery of the fault are cancelled.	
7.3.5.4	Where a player is found to be on court but he/she is not registered on the score sheet list of players, the opponent's points remain valid, and in addition they gain a point and service. The team at fault will lose all points and/or sets (0:25, if necessary) gained from the moment the non-registered player entered the court, and will have to submit a revised line-up sheet and send a new registered player into the court, in the position of the non-registered player.	6.1.2, 7.3.2

7.4 POSITIONS

D4

At the moment the ball is hit by the server, each team must be positioned within its own court in the rotational order (except the server). 7.6.1, 8.1, 12.4

7.4.1 The positions of the players are numbered as follows:

7.4.1.1 the three players along the net are front-row players and occupy positions 4 (front-left), 3 (front-centre) and 2 (front-right);

7.4.1.2 the other three are back-row players occupying positions 5 (back-left), 6 (back-centre) and 1 (back-right).

7.4.2 Relative positions between players:

7.4.2.1 each back-row player must be positioned further back from the centre line than the corresponding front-row player;

7.4.2.2 the front-row players and the back-row players, respectively, must be positioned laterally in the order indicated in Rule 7.4.1.

7.4.3 The positions of players are determined and controlled according to the positions of their feet contacting the ground as follows: D4

7.4.3.1 each front-row player must have at least a part of his/her foot closer to the centre line than the feet of the corresponding back-row player; 1.3.3

7.4.3.2 each right (left) side player must have at least a part of his/her foot closer to the right (left) sideline than the feet of the centre player in that row. 1.3.2

7.4.4 After the service hit, the players may move around and occupy any position on their court and the free zone.

7.5 POSITIONAL FAULT

D4, D11 (13)

7.5.1 The team commits a positional fault, if any player is not in his/her correct position at the moment the ball is hit by the server. This includes when a player is on court through illegal substitution. 7.3, 7.4, 15.9

7.5.2 If the server commits a serving fault at the moment of the service hit, the server's fault is counted before a positional fault. 12.4, 12.7.1

7.5.3 If the service becomes faulty after the service hit, it is the positional fault that will be counted. 12.7.2

7.5.4 A positional fault leads to the following consequences:

7.5.4.1 the team is sanctioned with a point and service to the opponent; 6.1.3

7.5.4.2 players' positions must be rectified. 7.3, 7.4

7.6 ROTATION

7.6.1	The rotational order is determined by the team's starting line-up and controlled with the service order and players' positions throughout the set.	7.3.1, 7.4.1, 12.2
7.6.2	When the receiving team has gained the right to serve, its players rotate one position clock-wise: the player in position 2 rotates to position 1 to serve, the player in position 1 rotates to position 6, etc.	12.2.2.2

7.7 ROTATIONAL FAULT

D11 (13)

7.7.1	A rotational fault is committed when the SERVICE is not made according to the rotational order. It leads to the following consequences:	7.6.1, 12
7.7.1.1	the team is sanctioned with a point and service to the opponent;	6.1.3
7.7.1.2	the players' rotational order must be rectified.	7.6.1
7.7.2	Additionally, the scorer should determine the exact moment when the fault was committed, and all points scored subsequently by the team at fault must be cancelled. The opponent's points remain valid.	25.2.2.2
	If that moment cannot be determined, no point(s) cancellation takes place, and a point and service to the opponent is the only sanction.	6.1.3

CHAPTER 4
PLAYING ACTIONS

		See Rules
8	**STATES OF PLAY**	
8.1	**BALL IN PLAY**	
	The ball is in play from the moment of the hit of the service authorized by the 1st referee.	12, 12.3
8.2	**BALL OUT OF PLAY**	
	The ball is out of play at the moment of the fault which is whistled by one of the referees; in the absence of a fault, at the moment of the whistle.	
8.3	**BALL "IN"**	D11 (14), D12 (1)
	The ball is "in" when it touches the floor of the playing court including the boundary lines.	1.1, 1.3.2
8.4	**BALL "OUT"**	
	The ball is "out" when:	
8.4.1	the part of the ball which contacts the floor is completely outside the boundary lines;	1.3.2, D11 (15), D12 (2)
8.4.2	it touches an object outside the court, the ceiling or a person out of play;	D11 (15), D12 (4)
8.4.3	it touches the antennae, ropes, posts or the net itself outside the side bands;	2.3, D3, D5a, D11 (15), D12 (4)
8.4.4	it crosses the vertical plane of the net either partially or totally outside the crossing space, except in the case of Rule 10.1.2;	2.3, D5a, D5b, D11 (15), D12 (4)
8.4.5	it crosses completely the lower space under the net.	23.3.2.3f, D5a, D11 (22)

9 PLAYING THE BALL

Each team must play within its own playing area and space

(except Rule 10.1.2). The ball may, however, be retrieved from beyond the free zone.

9.1 TEAM HITS

A hit is any contact with the ball by a player in play. 14.4.1

The team is entitled to a maximum of three hits (in addition to blocking), for returning the ball. If more are used, the team commits the fault of "FOUR HITS".

9.1.1 CONSECUTIVE CONTACTS

A player may not hit the ball two times consecutively 9.2.3, 14.2, 14.4.2

(except Rules 9.2.3, 14.2 and 14.4.2).

9.1.2 SIMULTANEOUS CONTACTS

Two or three players may touch the ball at the same moment.

9.1.2.1 When two (or three) team-mates touch the ball simultaneously, it is counted as two (or three) hits (with the exception of blocking). If they reach for the ball, but only one of them touches it, one hit is counted. A collision of players does not constitute a fault.

9.1.2.2 When two opponents touch the ball simultaneously over the net and the ball remains in play, the team receiving the ball is entitled to another three hits. If such a ball goes "out", it is the fault of the team on the opposite side.

9.1.2.3 If simultaneous hits by two opponents over the net lead to an extended contact with the ball, play continues. 9.1.2.2

9.1.3 ASSISTED HIT

Within the playing area, a player is not permitted to take support from a team-mate or any structure/object in order to hit the ball. 1

However, a player who is about to commit a fault (touch the net or cross the centre line, etc.) may be stopped or held back by a team-mate. 1.3.3, 11.4.4

9.2 CHARACTERISTICS OF THE HIT

9.2.1 The ball may touch any part of the body.

9.2.2 The ball must not be caught and/or thrown. It can rebound in any direction. 9.3.3

9.2.3 The ball may touch various parts of the body, provided that the contacts take place simultaneously.

Exceptions:

9.2.3.1 at blocking, consecutive contacts may be made by one or more player(s), provided that the contacts occur during one action; 14.1.1, 14.2

9.2.3.2 at the first hit of the team, the ball may contact various parts of the body consecutively, provided that the contacts occur during one action. 9.1, 14.4.1

9.2.4 It is a fault, during the reception of service, to make a double contact or catch using an overhand finger action.* *9.2.3.2*

9.3 FAULTS IN PLAYING THE BALL

9.3.1 FOUR HITS: a team hits the ball four times before returning it. 9.1, D11 (18)

9.3.2 ASSISTED HIT: a player takes support from a team-mate or any structure/object in order to hit the ball within the playing area. 9.1.3

9.3.3 CATCH: the ball is caught and/or thrown; it does not rebound from the hit. 9.2.2, D11 (16)

9.3.4 DOUBLE CONTACT: a player hits the ball twice in succession or the ball contacts various parts of his/her body in succession. 9.2.3, D11 (17)

10 BALL AT THE NET

10.1 BALL CROSSING THE NET

10.1.1 The ball sent to the opponent's court must go over the net within the crossing space. The crossing space is the part of the vertical plane of the net limited as follows: 2.4, 10.2, D5a

10.1.1.1 below, by the top of the net; 2.2

10.1.1.2 at the sides, by the antennae, and their imaginary extension; 2.4

10.1.1.3 above, by the ceiling.

10.1.2 The ball that has crossed the net plane to the opponent's free zone totally or partly through the external space, may be played back within the team hits, provided that: 9.1, D5b

10.1.2.1 the opponent's court is not touched by the player; 11.2.2

10.1.2.2 the ball, when played back, crosses the net plane again totally or partly through the external space on the same side of the court. 11.4.4, D5b

The opponent team may not prevent such action.

* The application of this rule has been postponed following the Board of Administration decision of April 5, 2013.

10.1.3	The ball that is heading towards the opponent's court through the lower space is in play until the moment it has completely crossed the vertical plane of the net.	23.3.2.3f, D5a, D11 (22)

10.2 BALL TOUCHING THE NET

While crossing the net, the ball may touch it. 10.1.1

10.3 BALL IN THE NET

10.3.1	A ball driven into the net may be recovered within the limits of the three team hits.	9.1
10.3.2	If the ball rips the mesh of the net or tears it down, the rally is cancelled and replayed.	

11 PLAYER AT THE NET

11.1 REACHING BEYOND THE NET

11.1.1	In blocking, a player may touch the ball beyond the net, provided that he/she does not interfere with the opponent's play before or during the latter's attack hit.	14.1, 14.3
11.1.2	After an attack hit, a player is permitted to pass his/her hand beyond the net, provided that the contact has been made within his/her own playing space.	

11.2 PENETRATION UNDER THE NET

11.2.1	It is permitted to penetrate into the opponent's space under the net, provided that this does not interfere with the opponent's play.	
11.2.2	Penetration into the opponent's court, beyond the centre line:	1.3.3, 11.2.2.1, D11 (22)
11.2.2.1	to touch the opponent's court with a foot (feet) is permitted, provided that some part of the penetrating foot (feet) remains either in contact with or directly above the centre line;	1.3.3, D11 (22)
11.2.2.2	to touch the opponent's court with any part of the body above the feet is permitted provided that it does not interfere with the opponent's play.	1.3.3, 11.2.2.1, D11 (22)
11.2.3	A player may enter the opponent's court after the ball goes out of play.	8.2
11.2.4	Players may penetrate into the opponent's free zone provided that they do not interfere with the opponent's play.	

11.3 CONTACT WITH THE NET

11.3.1	Contact with the net by a player is not a fault, unless it interferes with the play.	11.4.4, 23.3.2.3c, 24.3.2.3, D3
11.3.2	Players may touch the post, ropes, or any other object outside the antennae, including the net itself, provided that it does not interfere with the play.	D3
11.3.3	When the ball is driven into the net, causing it to touch an opponent, no fault is committed.	

11.4 PLAYER'S FAULTS AT THE NET

11.4.1	A player touches the ball or an opponent in the opponent's space before or during the opponent's attack hit.	11.1.1, D11 (20)
11.4.2	A player interferes with the opponent's play while penetrating into the opponent's space under the net.	11.2.1
11.4.3	A player's foot (feet) penetrates completely into the opponent's court.	11.2.2.2, D11 (22)
11.4.4	A player interferes with the opponent's play by (amongst others):	
	– touching the top band of the net or the top 80 cm of the antenna during his/her action of playing the ball, or	11.3.1
	– taking support from the net simultaneously with playing the ball, or	D11 (19)
	– creating an advantage over the opponent by touching the net, or	
	– making actions which hinder an opponent's legitimate attempt to play the ball.	

12 SERVICE

The service is the act of putting the ball into play, by the back-right player, placed in the service zone. 1.4.2, 8.1, 12.4.1

12.1 FIRST SERVICE IN A SET

12.1.1	The first service of the first set, as well as that of the deciding 5th set is executed by the team determined by the toss.	6.3.2, 7.1
12.1.2	The other sets will be started with the service of the team that did not serve first in the previous set.	

12.2 SERVICE ORDER

12.2.1	The players must follow the service order recorded on the line-up sheet.	7.3.1, 7.3.2

12.2.2 After the first service in a set, the player to serve is determined as follows: 12.1

12.2.2.1 when the serving team wins the rally, the player (or his/her substitute) who served before, serves again; 6.1.3, 15.5

12.2.2.2 when the receiving team wins the rally, it gains the right to serve and rotates before actually serving. The player who moves from the front-right position to the back-right position will serve. 6.1.3, 7.6.2

12.3 AUTHORIZATION OF THE SERVICE

The 1st referee authorizes the service, after having checked that the two teams are ready to play and that the server is in possession of the ball. 12, D11 (1)

12.4 EXECUTION OF THE SERVICE D11 (10)

12.4.1 The ball shall be hit with one hand or any part of the arm after being tossed or released from the hand(s).

12.4.2 Only one toss or release of the ball is allowed. Dribbling or moving the ball in the hands is permitted.

12.4.3 At the moment of the service hit or take-off for a jump service, the server must not touch the court (the end line included) or the floor outside the service zone. 1.4.2, 27.2.1.4, D11 (22), D12 (4)

After the hit, he/she may step or land outside the service zone, or inside the court.

12.4.4 The server must hit the ball within 8 seconds after the 1st referee whistles for service. 12.3, D11 (11)

12.4.5 A service executed before the referee's whistle is cancelled and repeated. 12.3

12.5 SCREENING D6, D11 (12)

12.5.1 The players of the serving team must not prevent their opponent, through individual or collective screening, from seeing the server and the flight path of the ball. 12.5.2

12.5.2 A player or a group of players of the serving team make(s) a screen by waving arms, jumping or moving sideways during the execution of the service, or by standing grouped to hide the server and the flight path of the ball. 12.4, D6

12.6 FAULTS MADE DURING THE SERVICE

12.6.1 Serving faults.

The following faults lead to a change of service even if the opponent is out of position. The server: 12.2.2.2, 12.7.1

12.6.1.1 violates the service order, 12.2

12.6.1.2 does not execute the service properly. 12.4

12.6.2 Faults after the service hit.

After the ball has been correctly hit, the service becomes a fault (unless a player is out of position) if the ball: 12.4, 12.7.2

12.6.2.1 touches a player of the serving team or fails to cross the vertical plane of the net completely through the crossing space; 8.4.4, 8.4.5, 10.1.1, D11 (19)

12.6.2.2 goes "out"; 8.4, D11 (15)

12.6.2.3 passes over a screen. 12.5, D11 (12)

12.7 SERVING FAULTS AND POSITIONAL FAULTS

12.7.1 If the server makes a fault at the moment of the service hit (improper execution, wrong rotational order, etc.) and the opponent is out of position, it is the serving fault which is sanctioned. 7.5.1, 7.5.2, 12.6.1

12.7.2 Instead, if the execution of the service has been correct, but the service subsequently becomes faulty (goes out, goes over a screen, etc.), the positional fault has taken place first and is sanctioned. 7.5.3, 12.6.2

13 ATTACK HIT

13.1 CHARACTERISTICS OF THE ATTACK HIT 12, 14.1.1

13.1.1 All actions which direct the ball towards the opponent, with the exception of service and block, are considered as attack hits.

13.1.2 During an attack hit, tipping is permitted only if the ball is cleanly hit, and not caught or thrown. 9.2.2

13.1.3 An attack hit is completed at the moment the ball completely crosses the vertical plane of the net or is touched by an opponent.

13.2 RESTRICTIONS OF THE ATTACK HIT

13.2.1 A front-row player may complete an attack hit at any height, provided that the contact with the ball has been made within the player's own playing space (except Rules 13.2.4 and 13.3.6). 7.4.1.1

13.2.2 A back-row player may complete an attack hit at any height from behind the front zone: 1.4.1, 7.4.1.2, 19.3.1.2, D8

13.2.2.1 at his/her take-off, the player's foot (feet) must neither have touched nor crossed over the attack line; 1.3.4

13.2.2.2 after his/her hit, the player may land within the front zone. 1.4.1

13.2.3 A back-row player may also complete an attack hit from the front zone, if at the moment of the contact a part of the ball is lower than the top of the net. 1.4.1, 7.4.1.2, D8

13.2.4 No player is permitted to complete an attack hit on the OPPONENT'S service, when the ball is in the front zone and entirely higher than the top of the net. 1.4.1

13.3 FAULTS OF THE ATTACK HIT

13.3.1 A player hits the ball within the playing space of the opposing team. 13.2.1, D11 (20)

13.3.2 A player hits the ball "out". 8.4, D11 (15)

13.3.3 A back-row player completes an attack hit from the front zone, if at the moment of the hit the ball is entirely higher than the top of the net. 1.4.1, 7.4.1.2, 13.2.3, D11 (21)

13.3.4 A player completes an attack hit on the opponent's service, when the ball is in the front zone and entirely higher than the top of the net. 1.4.1, 13.2.4, D11 (21)

13.3.5 A Libero completes an attack hit if at the moment of the hit the ball is entirely higher than the top of the net. 19.3.1.2, 23.3.2.3d, D11 (21)

13.3.6 A player completes an attack hit from higher than the top of the net when the ball is coming from an overhand finger pass by a Libero in his/her front zone. 1.4.1, 19.3.1.4, 23.3.2.3e, D11 (21)

14 BLOCK

14.1 BLOCKING

14.1.1 Blocking is the action of players close to the net to intercept the ball coming from the opponent by reaching higher than the top of the net, regardless of the height of the ball contact. Only front-row players are permitted to complete a block, but at the moment of the contact with the ball, a part of the body must be higher than the top of the net. 7.4.1.1

14.1.2 Block attempt

A block attempt is the action of blocking without touching the ball.

14.1.3 Completed block

A block is completed whenever the ball is touched by a blocker. D7

14.1.4 Collective block

A collective block is executed by two or three players close to each other and is completed when one of them touches the ball.

14.2 BLOCK CONTACT

Consecutive (quick and continuous) contacts with the ball may occur by one or more blockers, provided that the contacts are made during one action. 9.1.1, 9.2.3

14.3 BLOCKING WITHIN THE OPPONENT'S SPACE

In blocking, the player may place his/her hands and arms beyond the net, provided that this action does not interfere with the opponent's play. Thus, it is not permitted to touch the ball beyond the net until an opponent has executed an attack hit. 13.1.1

14.4 BLOCK AND TEAM HITS

14.4.1 A block contact is not counted as a team hit. Consequently, after a block contact, a team is entitled to three hits to return the ball. 9.1, 14.4.2

14.4.2 The first hit after the block may be executed by any player, including the one who has touched the ball during the block. 14.4.1

14.5 BLOCKING THE SERVICE 12, D11 (12)

To block an opponent's service is forbidden.

14.6 BLOCKING FAULTS D11 (20)

14.6.1 The blocker touches the ball in the OPPONENT'S space either before or simultaneously with the opponent's attack hit. 14.3

14.6.2 A back-row player or a Libero completes a block or participates in a completed block. 14.1, 14.5, 19.3.1.3

14.6.3 Blocking the opponent's service. 14.5, D11 (12)

14.6.4 The ball is sent "out" off the block. 8.4

14.6.5 Blocking the ball in the opponent's space from outside the antenna.

14.6.6 A Libero attempts an individual or collective block. 14.1.1, 19.3.1.3

CHAPTER 5
INTERRUPTIONS, DELAYS AND INTERVALS

			See Rules
15	**INTERRUPTIONS**		
		An interruption is the time between one completed rally and the 1st referee's whistle for the next service.	6.1.3, 8.1, 8.2, 15.4, 15.5, 24.2.6
		The only **regular game** interruptions are TIME-OUTS and SUBSTITUTIONS.	
15.1	**NUMBER OF REGULAR GAME INTERRUPTIONS**		
		Each team may request a maximum of two time-outs and six substitutions per set.	6.2, 15.4, 15.5
15.2	**SEQUENCE OF REGULAR GAME INTERRUPTIONS**		
15.2.1		Request for one or two time-outs, and one request for substitution by either team may follow one another, within the same interruption.	15.4, 15.5
15.2.2		However, a team is not authorized to make consecutive **requests** for substitution during the same interruption. Two or more players may be substituted at the same time within the same request.	15.5, 15.6.1
15.2.3		There must be a completed rally between two separate substitution requests by the same team.	6.1.3, 15.5
15.3	**REQUEST FOR REGULAR GAME INTERRUPTIONS**		
15.3.1		Regular game interruptions may be requested by the coach, or in the absence of the coach, by the game captain, and only by them.	5.1.2, 5.2, 5.3.2, 15
15.3.2		Substitution before the start of a set is permitted, and should be recorded as a regular substitution in that set.	7.3.4
15.4	**TIME-OUTS AND TECHNICAL TIME-OUTS**		
15.4.1		Time-out requests must be made by showing the corresponding hand signal, when the ball is out of play and before the whistle for service. All requested time-outs last for 30 seconds.	6.1.3, 8.2, 12.3, D11 (4)

For FIVB, World and Official Competitions it is obligatory to use the buzzer and then the hand signal to request time-out. D11 (4)

15.4.2 **For FIVB, World and Official Competitions, in sets 1-4, two additional 60-second "Technical Time-Outs" are applied automatically when the leading team reaches the 8th and 16th point.** 26.2.2.3

15.4.3 **In the deciding (5th) set, there are no "Technical Time- Outs"; only two time-outs of 30 seconds duration may be requested by each team.** 15.1

15.4.4 **During all time-outs, the players in play must go to the free zone near their bench.** D1a

15.5 SUBSTITUTION

15.5.1 A substitution is the act by which a player, other than the Libero or his/her replacement player, after being recorded by the scorer, enters the game to occupy the position of another player, who must leave the court at that moment. 19.3.2.1, D11 (5)

15.5.2 When the substitution is enforced through injury to a player in play this may be accompanied by the coach (or game captain) showing the corresponding hand signal. 5.1.2.3, 5.2.3.3, 8.2, 12.3, D11 (5)

15.6 LIMITATION OF SUBSTITUTIONS

15.6.1 A player of the starting line-up may leave the game, but only once in a set, and re-enter, but only once in a set, and only to his/her previous position in the line-up. 7.3.1

15.6.2 A substitute player may enter the game in place of a player of the starting line-up, but only once per set, and he/she can only be substituted by the same starting player. 7.3.1

15.7 EXCEPTIONAL SUBSTITUTION

A player (except the Libero) who cannot continue playing due to injury or illness, should be substituted legally. If this is not possible, the team is entitled to make an EXCEPTIONAL substitution, beyond the limits of Rule 15.6 15.6, 19.4.3

An exceptional substitution means that any player who is not on the court at the time of the injury/illness, except the Libero, second Libero or their regular replacement player, may be substituted into the game for the injured/ill player. The substituted injured/ill player is not allowed to re-enter the match.

An exceptional substitution cannot be counted in any case as a regular substitution, but should be recorded on the score sheet as part of the total of substitutions in the set and the match.

15.8 SUBSTITUTION FOR EXPULSION OR DISQUALIFICATION

An EXPELLED or DISQUALIFIED player must be substituted immediately through a legal substitution. If this is not possible, the team is declared INCOMPLETE. 6.4.3, 7.3.1, 15.6, 21.3.2, 21.3.3, D11 (5)

15.9 ILLEGAL SUBSTITUTION

15.9.1 A substitution is illegal, if it exceeds the limitations indicated in Rule 15.6 (except the case of Rule 15.7), or an unregistered player is involved.

15.9.2 When a team has made an illegal substitution and the play has been resumed the following procedure shall apply, in sequence: 8.1, 15.6

15.9.2.1 the team is penalized with a point and service to the opponent, 6.1.3

15.9.2.2 the substitution must be rectified,

15.9.2.3 the points scored by the team at fault since the fault was committed are cancelled; the opponent's points remain valid.

15.10 SUBSTITUTION PROCEDURE

15.10.1 Substitution must be carried out within the substitution zone. 1.4.3, D1b

15.10.2 A substitution shall only last the time needed for recording the substitution on the score sheet, and allowing entry and exit of the players. 15.10, 24.2.6, 25.2.2.3

15.10.3a The actual request for substitution starts at the moment of the entrance of the substitute player(s) into the substitution zone, ready to play, during an interruption. The coach does not need to make a substitution hand signal except if the substitution is for injury or before the start of the set.

15.10.3b If the player is not ready, the substitution is not granted and the team is sanctioned for a delay. 16.2, D9

15.10.3c The request for substitution is acknowledged and announced by the scorer or 2nd referee, by use of the buzzer or whistle respectively. The 2nd referee authorises the substitution. 24.2.6

For FIVB, World and Official Competitions, numbered paddles are used to facilitate the substitution.

15.10.4	If a team intends to make simultaneously more than one substitution, all substitute players must enter the substitution zone at the same time to be considered in the same request. In this case, substitutions must be made in succession, one pair of players after another. If one is illegal, the legal one(s) is/are granted and the illegal is rejected and subject to a delay sanction.	1.4.3, 15.2.2

15.11 IMPROPER REQUESTS

15.11.1	It is improper to request any regular game interruption:	15
15.11.1.1	during a rally or at the moment of or after the whistle to serve,	12.3
15.11.1.2	by a non-authorized team member,	5.1.2.3, 5.2.3.3
15.11.1.3	for a second substitution by the same team during the same interruption, except in the case of injury/illness of a player in play.	15.2.2, 15.2.3, 16.1, 25.2.2.6
15.11.1.4	after having exhausted the authorized number of time-outs and substitutions.	15.1
15.11.2	The first improper request by a team in the match that does not affect or delay the game shall be rejected, but it must be recorded on the score sheet without any other consequences.	16.1, 25.2.2.6
15.11.3	Any further improper request in the match by the same team constitutes a delay.	16.1.4

16 GAME DELAYS

16.1 TYPES OF DELAYS

	An improper action of a team that defers resumption of the game is a delay and includes, among others:	
16.1.1	delaying regular game interruptions;	15.10.2
16.1.2	prolonging interruptions, after having been instructed to resume the game;	15
16.1.3	requesting an illegal substitution;	15.9
16.1.4	repeating an improper request;	15.11.3
16.1.5	delaying the game by a team member.	

16.2 DELAY SANCTIONS D9

16.2.1 *"Delay warning"* and *"delay penalty"* are team sanctions.

16.2.1.1 Delay sanctions remain in force for the entire match. 6.3

16.2.1.2 All delay sanctions are recorded on the score sheet. 25.2.2.6

16.2.2 The first delay in the match by a team member is sanctioned with a "DELAY WARNING". 4.1.1, D11 (25)

16.2.3 The second and subsequent delays of any type by any member of the same team in the same match constitute a fault and are sanctioned with a "DELAY PENALTY": a point and service to the opponent. 6.1.3, D11 (25)

16.2.4 Delay sanctions imposed before or between sets are applied in the following set. 18.1

17 EXCEPTIONAL GAME INTERRUPTIONS

17.1 INJURY/ILLNESS 8.1

17.1.1 Should a serious accident occur while the ball is in play, the referee must stop the game immediately and permit medical assistance to enter the court.

The rally is then replayed. 6.1.3

17.1.2 If an injured/ill player cannot be substituted legally or exceptionally, the player is given a 3-minute recovery time, but not more than once for the same player in the match. 15.6, 15.7, 24.2.8

If the player does not recover, his/her team is declared incomplete. 6.4.3, 7.3.1

17.2 EXTERNAL INTERFERENCE

If there is any external interference during the game, the play has to be stopped and the rally is replayed. 6.1.3, D11 (23)

17.3 PROLONGED INTERRUPTIONS

17.3.1 If unforeseen circumstances interrupt the match, the 1st referee, the organizer and the Control Committee, if there is one, shall decide the measures to be taken to re-establish normal conditions. 23.2.3

17.3.2 Should one or several interruptions occur, not exceeding 4 hours in total: 17.3.1

17.3.2.1 if the match is resumed on the same playing court, the interrupted set shall continue normally with the same score, players (except expelled or disqualified ones) and positions. The sets already played will keep their scores; 1, 7.3

17.3.2.2 if the match is resumed on another playing court, the interrupted set is cancelled and replayed with the same team members and the same starting line-ups (except expelled or disqualified ones) and the record of all sanctions will be maintained. The sets already played will keep their scores. 7.3, 21.4.1, D9

17.3.3 Should one or several interruptions occur, exceeding 4 hours in total, the whole match shall be replayed.

18 INTERVALS AND CHANGE OF COURTS

18.1 INTERVALS

An interval is the time between sets. All intervals last three minutes. 4.2.4

During this period of time, the change of courts and line-up registrations of the teams on the score sheet are made. 7.3.2, 18.2, 25.2.1.2

The interval between the second and the third set can be extended up to 10 minutes by the competent body at the request of the organizer.

18.2 CHANGE OF COURTS D11 (3)

18.2.1 After each set, the teams change courts, with the exception of the deciding set. 7.1

18.2.2 In the deciding set, once the leading team reaches 8 points, the teams change courts without delay and the player positions remain the same. 6.3.2, 7.4.1, 25.2.2.5

If the change is not made once the leading team reaches 8 points, it will take place as soon as the error is noticed. The score at the time that the change is made remains the same.

CHAPTER 6
THE LIBERO PLAYER

		See Rules
19	**THE LIBERO PLAYER**	
19.1	**DESIGNATION OF THE LIBERO**	5
19.1.1	Each team has the right to designate from the list of players on the score sheet up to two specialist defensive players: Liberos.	4.1.1
19.1.2	All Liberos must be recorded on the score sheet in the special lines reserved for this.	5.2.2, 25.2.1.1, 26.2.1.1
19.1.3	The Libero on court is the Acting Libero. If there is another Libero, he/she is the second Libero for the team. Only one Libero may be on court at any time.	
19.2	**EQUIPMENT**	4.3
	The Libero player(s) must wear a uniform (OR JACKET/BIB FOR THE RE-DESIGNATED Libero) which has a different dominant colour from any colour of the rest of the team. The uniform must clearly contrast with the rest of the team. The Libero uniforms must be numbered like the rest of the team. **For FIVB, World and Official competitions, the re-designated Libero should, if possible, wear the same style and colour of jersey as the original Libero, but should keep his/her own number.**	
19.3	**ACTIONS INVOLVING THE LIBERO**	
19.3.1	The playing actions:	
19.3.1.1	The Libero is allowed to replace any player in a back row position.	7.4.1.2
19.3.1.2	He/she is restricted to perform as a back row player and is not allowed to complete an attack hit from anywhere (including playing court and free zone) if at the moment of the contact the ball is entirely higher than the top of the net.	13.2.2, 13.2.3, 13.3.5
19.3.1.3	He/she may not serve, block or attempt to block.	12.4.1, 14.6.2, 14.6.6, D11 (12)

19.3.1.4 A player may not complete an attack hit when the ball is entirely higher than the top of the net, if the ball is coming from an overhand finger pass by a Libero in his/her front zone. The ball may be freely attacked if the Libero makes the same action from outside his/her front zone. 1.4.1, 13.3.6, 23.3.2.3d, e, D1b

19.3.2 Libero Replacements

19.3.2.1 Libero Replacements are not counted as substitutions. 6.1.3, 15.5

They are unlimited but there must be a completed rally between two Libero replacements (unless a penalty causes the team to rotate and the Libero to move to position four, or the Acting Libero becomes unable to play, making the rally incomplete.)

19.3.2.2 The regular replacement player may replace and be replaced by either Libero. The Acting Libero can only be replaced by the regular replacement player for that position or by the second Libero.

19.3.2.3 At the start of each set, the Libero cannot enter the court until the 2nd referee has checked the line-up and authorised a Libero replacement with a starting player. 7.3.2, 12.1

19.3.2.4 Other Libero replacements must only take place while the ball is out of play and before the whistle for service. 8.2, 12.3

19.3.2.5 A Libero replacement made after the whistle for service but before the service hit should not be rejected; however, at the end of the rally, the game captain must be informed that this is not a permitted procedure, and that repetition will be subject to delay sanctions. 12.3, 12.4, D9

19.3.2.6 Subsequent late Libero replacements shall result in the play being interrupted immediately, and the imposition of a delay sanction. The team to serve next will be determined by the level of the delay sanction. 16.2, D9

19.3.2.7 The Libero and the replacing player may only enter or leave the court through the Libero Replacement Zone. 1.4.4, D1b

19.3.2.8 Libero replacements must be recorded in the Libero Control Sheet (if one is used) or on the electronic score sheet. 26.2.2.1, 26.2.2.2

19.3.2.9 An illegal Libero replacement can involve (amongst others)

- no completed rally between Libero replacements, 6.1.3
- the Libero being replaced by a player other than the second Libero or the regular replacement player. 15.9

An illegal Libero replacement should be considered in the same way as an illegal substitution: 15.9

should the illegal Libero replacement be noticed before the start of the next rally, then this is corrected by the referees, and the team is sanctioned for delay; D9 should the illegal Libero replacement be noticed after the service hit, the consequences are the same as for an illegal substitution. 15.9

19.4 RE-DESIGNATION OF A NEW LIBERO

19.4.1 The Libero **becomes** unable to play if injured, ill, expelled or disqualified. 21.3.2, 21.3.3, D9

The Libero can be **declared** unable to play for any reason by the coach or, in the absence of a coach, by the game captain. 5.1.2.1, 5.2.1

19.4.2 Team with one Libero

19.4.2.1 When only one Libero is available for a team according to Rule 19.4.1, or the team has only one registered, and this Libero becomes or is declared unable to play, the coach (or game captain if no coach is present) may re-designate as Libero for the remainder of the match any other player (replacement player excepted) not on the court at the moment of the re-designation. 19.4, 19.4.1

19.4.2.2 If the **Acting** Libero becomes unable to play, he/she may be replaced by the regular replacement player or **immediately and directly to court** by a re-designated Libero. However, a *Libero who is the subject of a re-designation may not play for the remainder of the match.*

If the Libero is not on court when declared unable to play, he/she may also be the subject of a re-designation. The Libero declared unable to play may not play for the remainder of the match.

19.4.2.3 The coach, or game captain if no coach is present, contacts the second referee informing him/her about the re-designation. 5.1.2.1, 5.2.1

19.4.2.4 Should a re-designated Libero become or be declared unable to play, further re-designations are permitted. 19.4.1

19.4.2.5 If the coach requests the team captain to be re-designated as the new Libero, this will be permitted – but the team captain must in this case relinquish all leadership privileges. 5.1.2, 19.4.1

19.4.2.6 In the case of a re-designated Libero, the number of the player re-designated as Libero must be recorded on the score sheet remarks section and on the Libero control sheet (or electronic score sheet if one is used.) 25.2.2.7, 26.2.2.1

19.4.3 Team with two Liberos

19.4.3.1 Where a team has registered on the score sheet two Liberos, but one becomes unable to play the team has the right to play with only one Libero. 4.1.1, 19.1.1

No re-designation will be allowed, however, unless the remaining Libero is unable to continue playing for the match. 19.4

19.5 SUMMARY	
19.5.1 If the Libero is expelled or disqualified, he/she may be replaced immediately by the team's second Libero. Should the team have only one Libero, then it has the right to make a re-designation.	19.4, 21.3.2, 21.3.3

CHAPTER 7
PARTICIPANTS' CONDUCT

		See Rules
20	**REQUIREMENTS OF CONDUCT**	
20.1	**SPORTSMANLIKE CONDUCT**	
20.1.1	Participants must know the "Official Volleyball Rules" and abide by them.	
20.1.2	Participants must accept referees' decisions with sportsmanlike conduct, without disputing them.	
	In case of doubt, clarification may be requested only through the game captain.	5.1.2.1
20.1.3	Participants must refrain from actions or attitudes aimed at influencing the decisions of the referees or covering up faults committed by their team.	
20.2	**FAIR PLAY**	
20.2.1	Participants must behave respectfully and courteously in the spirit of FAIR PLAY, not only towards the referees, but also towards other officials, the opponent, team-mates and spectators.	
20.2.2	Communication between team members during the match is permitted.	5.2.3.4
21	**MISCONDUCT AND ITS SANCTIONS**	
21.1	**MINOR MISCONDUCT**	
	Minor misconduct offences are not subject to sanctions. It is the 1st referee's duty to prevent the teams from approaching the sanctioning level.	5.1.2, 21.3
	This is done in two stages:	D9, D11 (6a)
	Stage 1: by issuing a verbal warning through the game captain;	
	Stage 2: by use of a YELLOW CARD to the team member(s) concerned. This formal warning is not in itself a sanction but a symbol that the team member (and by extension the team) has reached the sanctioning level for the match. It is recorded in the score sheet but has no immediate consequences.	

21.2 MISCONDUCT LEADING TO SANCTIONS

Incorrect conduct by a team member towards officials, opponents, team-mates or spectators is classified in three categories according to the seriousness of the offence. 4.1.1

21.2.1 Rude conduct: action contrary to good manners or moral principles.

21.2.2 Offensive conduct: defamatory or insulting words or gestures or any action expressing contempt.

21.2.3 Aggression: actual physical attack or aggressive or threatening behaviour.

21.3 SANCTION SCALE D9

According to the judgment of the 1st referee and depending on the seriousness of the offence, the sanctions to be applied and recorded on the score sheet are: **Penalty, Expulsion or Disqualification.** 21.2, 25.2.2.6

21.3.1 Penalty D11 (6b)

The first rude conduct in the match by any team member is penalized with a point and service to the opponent. 4.1.1, 21.2.1

21.3.2 Expulsion D11 (7)

21.3.2.1 A team member who is sanctioned by expulsion shall not play for the rest of the set, must be substituted legally and immediately if on court and must remain seated in the penalty area with no other consequences. 1.4.6, 4.1.1, 5.2.1, 5.3.2, D1a, D1b

An expelled coach loses his/her right to intervene in the set and must remain seated in the penalty area. 5.2.3.3

21.3.2.2 The first offensive conduct by a team member is sanctioned by expulsion with no other consequences. 4.1.1, 21.2.2

21.3.2.3 The second rude conduct in the same match by the same team member is sanctioned by expulsion with no other consequences. 4.1.1, 21.2.1

21.3.3 Disqualification D11 (8)

21.3.3.1 A team member who is sanctioned by disqualification must be substituted legally and immediately if on court and must leave the Competition-Control Area for the rest of the match with no other consequences. 4.1.1, D1a

21.3.3.2 The first physical attack or implied or threatened aggression is sanctioned by disqualification with no other consequences. 21.2.3

21.3.3.3 The second offensive conduct in the same match by the same team member is sanctioned by disqualification with no other consequences. 4.1.1, 21.2.2

21.3.3.4	The third rude conduct in the same match by the same team member is sanctioned by disqualification with no other consequences.	4.1.1, 21.2.1

21.4 APPLICATION OF MISCONDUCT SANCTIONS

21.4.1	All misconduct sanctions are individual sanctions, remain in force for the entire match and are recorded on the score sheet.	21.3, 25.2.2.6
21.4.2	The repetition of misconduct by the same team member in the same match is sanctioned progressively (the team member receives a heavier sanction for each successive offence).	4.1.1, 21.2, 21.3, D9
21.4.3	Expulsion or disqualification due to offensive conduct or aggression does not require a previous sanction.	21.2, 21.3

21.5 MISCONDUCT BEFORE AND BETWEEN SETS

Any misconduct occurring before or between sets is sanctioned according to Rule 21.3 and sanctions apply in the following set. — 18.1, 21.2, 21.3

21.6 SUMMARY OF MISCONDUCT AND CARDS USED — D11 (6a, 6b, 7, 8)

Warning: no sanction – Stage 1: verbal warning Stage 2: symbol Yellow card	21.1
Penalty: sanction – symbol Red card	21.3.1
Expulsion: sanction – symbol Red + Yellow cards jointly	21.3.2
Disqualification: sanction – symbol Red + Yellow card separately	21.3.3

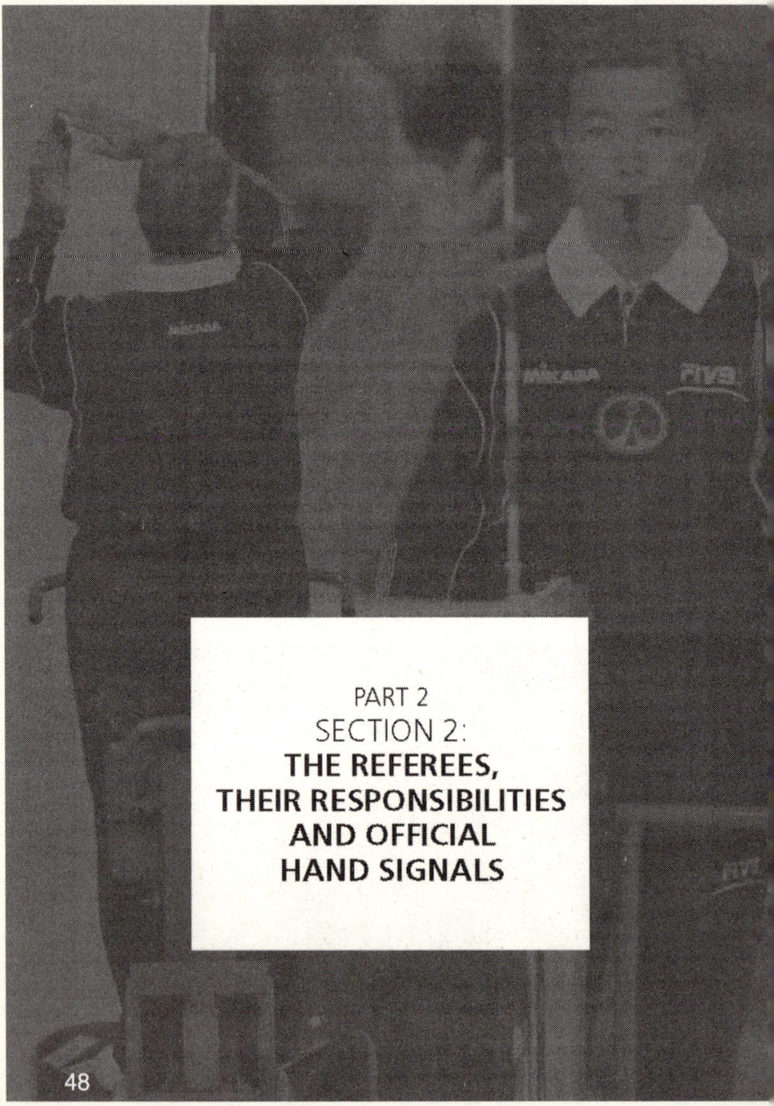

PART 2

SECTION 2:

THE REFEREES, THEIR RESPONSIBILITIES AND OFFICIAL HAND SIGNALS

CHAPTER 8
REFEREES

		See Rules
22	**REFEREEING CORPS AND PROCEDURES**	
22.1	**COMPOSITION**	
	The refereeing corps for a match is composed of the following officials:	
	– the 1st referee,	23
	– the 2nd referee,	24
	– the scorer,	25
	– four (two) line judges.	27
	Their location is shown in Diagram 10.	
	For FIVB, World and Official Competitions an assistant scorer is compulsory.	26
22.2	**PROCEDURES**	
22.2.1	Only the 1st and 2nd referees may blow a whistle during the match:	
22.2.1.1	the 1st referee gives the signal for the service that begins the rally;	6.1.3, 12.3
22.2.1.2	the 1st or 2nd referee signals the end of the rally, provided that they are sure that a fault has been committed and they have identified its nature.	
22.2.2	They may blow the whistle when the ball is out of play to indicate that they authorize or reject a team request.	5.1.2, 8.2
22.2.3	Immediately after the referee's whistle to signal the completion of the rally, they have to indicate with the official hand signals:	22.2.1.2, 28.1
22.2.3.1	if the fault is whistled by the 1st referee, he/she will indicate in order:	
	a) the team to serve,	12.2.2, D11 (2)
	b) the nature of the fault,	
	c) the player(s) at fault (if necessary).	
	The 2nd referee will follow the 1st referee's hand signals by repeating them.	

22.2.3.2	If the fault is whistled by the 2nd referee, he/she will indicate:	
	a) the nature of the fault,	
	b) the player at fault (if necessary),	
	c) the team to serve following the hand signal of the 1st referee.	12.2.2
	In this case, the 1st referee does not show **either** the nature of the fault or the player at fault, but only the team to serve.	D11 (2)
22.2.3.3	In the case of an attack hit fault by back row or Libero players, both referees indicate according to 22.2.3.1 and 22.2.3.2 above.	12.2.2, 13.3.3, 13.3.5, 19.3.1.2, 23.3.2.3d, e, D11 (21)
22.2.3.4	In the case of a double fault both referees indicate in order:	
	a) the nature of the fault,	17.3, D11 (23)
	b) the players at fault (if necessary),	
	c) the team to serve as directed by the 1st referee.	12.2.2, D11 (2)

23 1st REFEREE

23.1 LOCATION

	The 1st referee carries out his/her functions standing on a referee's stand located at one end of the net on the opposite side to the scorer. His/her view must be approximately 50 cm above the net.	D1a, D1b, D10

23.2 AUTHORITY

23.2.1	The 1st referee directs the match from the start until the end. He/she has authority over all members of the refereeing corps and the members of the teams.	4.1.1, 6.3
	During the match his/her decisions are final. He/she is authorized to overrule the decisions of other members of the refereeing corps, if it is noticed that they are mistaken.	
	He/she may even replace a member of the refereeing corps who is not performing his/her functions properly.	
23.2.2	He/she also controls the work of the ball retrievers, floor wipers and moppers.	3.3
23.2.3	He/she has the power to decide any matters involving the game, including those not provided for in the rules.	
23.2.4	He/she shall not permit any discussion about his/her decisions.	20.1.2

	However, at the request of the game captain, the 1st referee will give an explanation on the application or interpretation of the rules upon which he/she has based the decision.	5.1.2.1
	If the game captain does not agree with this explanation and chooses to protest against such decision, he/she must immediately reserve the right to file and record this protest at the conclusion of the match. The 1st referee must authorize this right of the game captain.	5.1.2.1, 5.1.3.2, 25.2.3.2
23.2.5	The 1st referee is responsible for determining before and during the match whether the playing area equipment and the conditions meet playing requirements.	Chapter 1, 23.3.1.1
23.3	**RESPONSIBILITIES**	
23.3.1	Prior to the match, the 1st referee:	
23.3.1.1	inspects the conditions of the playing area, the balls and other equipment;	Chapter 1, 23.2.5
23.3.1.2	performs the toss with the team captains;	7.1
23.3.1.3	controls the teams' warming-up.	7.2
23.3.2	During the match, he/she is authorized:	
23.3.2.1	to issue warnings to the teams;	21.1
23.3.2.2	to sanction misconduct and delays;	16.2, 21.2, D9, D11 (6a, 6b, 7, 8, 25)
23.3.2.3	to decide upon:	
	a) the faults of the server and of the positions of the serving team, including the screen;	7.5, 12.4, 12.5, 12.7.1, D4, D6, D11 (12,13)
	b) the faults in playing the ball;	9.3, D11 (16, 17)
	c) the faults above the net, and the faulty contact of the player with the net, primarily on the attacker's side;	11.3.1,11.4.1, 11.4.4, D11 (20)
	d) the attack hit faults of the Libero and back-row players;	13.3.3, 13.3.5, 24.3.2.4, D8, D11 (21)
	e) the completed attack hits made by a player on a ball above net height coming from an overhand pass with fingers by the Libero in his/her front zone;	1.4.1, 13.3.6, 24.3.2.4, D11 (21)
	f) the ball crossing completely the lower space under the net;	8.4.5, 24.3.2.7, D5a, D11 (22)

	g) the completed block by back row players or the attempted block by the Libero.	14.6.2, 14.6.6, D11 (12)
23.3.3	At the end of the match, he/she checks the score sheet and signs it.	24.3.3, 25.2.3.3

24 2nd REFEREE

24.1 LOCATION

	The 2nd referee performs his/her functions standing outside the playing court near the post, on the opposite side of and facing the 1st referee.	D1a, D1b, D10

24.2 AUTHORITY

24.2.1	The 2nd referee is the assistant of the 1st referee, but has also his/her own range of jurisdiction. Should the 1st referee become unable to continue his/her work, the 2nd referee may replace him/her.	24.3
24.2.2	He/she may, without whistling, also signal faults outside his/her range of jurisdiction, but may not insist on them to the 1st referee.	24.3
24.2.3	He/she controls the work of the scorer(s).	25.2, 26.2
24.2.4	He/she supervises the team members on the team bench and reports their misconduct to the 1st referee.	4.2.1
24.2.5	He/she controls the players in the warm-up areas.	4.2.3
24.2.6	He/she authorizes the regular game interruptions, controls their duration and rejects improper requests.	15, 15.11, 25.2.2.3
24.2.7	He/she controls the number of time-outs and substitutions used by each team and reports the 2nd time-out and 5th and 6th substitutions to the 1st referee and the coach concerned.	15.1, 25.2.2.3
24.2.8	In the case of an injury of a player, he/she authorizes an exceptional substitution or grants a 3-minute recovery time.	15.7, 17.1.2
24.2.9	He/she checks the floor condition, mainly in the front zone. He/she also checks, during the match, that the balls still fulfil the regulations.	1.2.1, 3
24.2.10	He/she supervises the team members in the penalty areas and reports their misconduct to the 1st referee.	1.4.6, 21.3.2
	For FIVB, World and Official Competitions, the duties recorded under 24.2.5 and 24.2.10 are carried out by the Reserve Referee.	

24.3 RESPONSIBILITIES

24.3.1	At the start of each set, at the change of courts in the deciding set and whenever necessary, the 2nd referee checks that the actual positions of the players on the court correspond to those on the line-up sheets.	5.2.3.1, 7.3.2, 7.3.5, 18.2.2
24.3.2	During the match, he/she decides, whistles and signals:	
24.3.2.1	penetration into the opponent's court, and the space under the net;	1.3.3, 11.2, D5a, D11 (22)
24.3.2.2	positional faults of the receiving team;	7.5, D4, D11 (13)
24.3.2.3	the faulty contact of the player with the net primarily on the blocker's side and with the antenna on his/her side of the court;	11.3.1
24.3.2.4	the completed block by back row players or the attempted block by the Libero; or the attack hit fault by back row players or by the Libero;	13.3.3, 14.6.2, 14.6.6, 23.3.2.3d, e, g, D11 (12, 21)
24.3.2.5	the contact of the ball with an outside object;	8.4.2, 8.4.3, D11 (15)
24.3.2.6	the contact of the ball with the floor when the 1st referee is not in position to see the contact;	8.3
24.3.2.7	the ball that crosses the net totally or partly outside of the crossing space to the opponent's court or contacts the antenna on his/her side of the court.	8.4.3, 8.4.4, D5a, D11 (15)
24.3.3	At the end of the match, he/she checks and signs the score sheet.	23.3.3, 25.2.3.3

25 SCORER

25.1 LOCATION

The scorer performs his/her functions seated at the scorer's table on the opposite side of the court from and facing the 1st referee. — D1a, D1b, D10

25.2 RESPONSIBILITIES

He/she keeps the score sheet according to the rules, co-operating with the 2nd referee.

He/she uses a buzzer or other sound device to notify irregularities or give signals to the referees on the basis of his/her responsibilities.

25.2.1	Prior to the match and set, the scorer:	
25.2.1.1	registers the data of the match and teams, including the names and numbers of the Liberos, according to the procedures in force, and obtains the signatures of the captains and the coaches;	4.1, 5.1.1, 5.2.2, 7.3.2, 19.1.2, 19.4.2.6

25.2.1.2	records the starting line-up of each team from the line-up sheet.	5.2.3.1, 7.3.2
	If he/she fails to receive the line-up sheets on time, he/she immediately notifies this fact to the 2nd referee.	5.2.3.1
25.2.2	During the match, the scorer:	
25.2.2.1	records the points scored;	6.1
25.2.2.2	controls the serving order of each team and indicates any error to the referees immediately after the service hit;	12.2
25.2.2.3	is empowered to acknowledge and announce requests for player substitutions by use of the buzzer, controlling their number, and records the substitutions and time-outs, informing the 2nd referee;	15.1, 15.4.1, 15.10.3c, 24.2.6, 24.2.7
25.2.2.4	notifies the referees of a request for regular game interruption that is out of order;	15.11
25.2.2.5	announces to the referees the ends of the sets, and the scoring of the 8th point in the deciding set;	6.2, 15.4.1, 18.2.2
25.2.2.6	records misconduct warnings, sanctions and improper requests;	15.11.3, 16.2, 21.3
25.2.2.7	records all other events as instructed by the 2nd referee, i.e. exceptional substitutions, recovery time, prolonged interruptions, external interference, re-designation, etc.;	15.7, 17.1.2, 17.2, 17.3, 19.4
25.2.2.8	controls the interval between sets.	18.1
25.2.3	At the end of the match, the scorer:	
25.2.3.1	records the final result;	6.3
25.2.3.2	in the case of protest, with the previous authorization of the 1st referee, writes or permits the team/game captain to write on the score sheet a statement on the incident being protested;	5.1.2.1, 5.1.3.2, 23.2.4
25.2.3.3	signs the score sheet him/herself, before obtaining the signatures of the team captains and then the referees.	5.1.3.1, 23.3.3, 24.3.3

26 ASSISTANT SCORER

26.1 LOCATION

22.1, D1a, D1b, D10

The assistant scorer performs his/her functions seated beside the scorer at the scorer's table.

26.2 RESPONSIBILITIES

19.3

He/she records the replacements involving the Libero.

He/she assists with the administrative duties of the scorer's work.

Should the scorer become unable to continue his/her work, the assistant scorer substitutes for the scorer.

26.2.1 Prior to the match and set, the assistant scorer:

26.2.1.1 prepares the Libero control sheet;

26.2.1.2 prepares the reserve score sheet.

26.2.2 During the match, the assistant scorer:

26.2.2.1 records the details of the Libero replacements/re-designations; 19.3.1.1, 19.4

26.2.2.2 notifies the referees of any fault of the Libero replacement, by using the buzzer; 19.3.2

26.2.2.3 starts and ends the timing of Technical Time-outs; 15.4.1

26.2.2.4 operates the manual scoreboard on the scorer's table;

26.2.2.5 checks that the scoreboards agree; 25.2.2.1

26.2.2.6 if necessary, updates the reserve score sheet and gives it to the scorer. 25.2.1.1

26.2.3 At the end of the match, the assistant scorer:

26.2.3.1 signs the Libero control sheet and submits it for checking;

26.2.3.2 signs the score sheet.

For FIVB, World and Official Competitions which use an e-score sheet, the Assistant Scorer acts with the Scorer to announce the substitutions and identify the Libero replacements.

27 LINE JUDGES

27.1 LOCATION

If only two line judges are used, they stand at the corners of the court closest to the right hand of each referee, diagonally at 1 to 2 m from the corner. D1a, D1b, D10

Each one of them controls both the end line and side line on his/her side.

For FIVB, World and Official Competitions, it is compulsory to have four line judges.

They stand in the free zone at 1 to 3 m from each corner of the court, on the imaginary extension of the line that they control. D10

27.2 RESPONSIBILITIES

27.2.1	The line judges perform their functions by using flags (40 x 40 cm), to signal:	D12
27.2.1.1	the ball "in" and "out" whenever the ball lands near their line(s);	8.3, 8.4, D12 (1, 2)
27.2.1.2	the touches of "out" balls by the team receiving the ball;	8.4, D12 (3)
27.2.1.3	the ball touching the antenna, the served ball and the third hit of the team crossing the net outside the crossing space, etc.;	8.4.3, 8.4.4, 10.1.1, D5a, D12 (4)
27.2.1.4	any player (except the server) stepping outside of his/her court at the moment of the service hit;	7.4, 12.4.3, D12 (4)
27.2.1.5	the foot faults of the server;	12.4.3
27.2.1.6	any contact with the top 80 cm of the antenna on their side of the court by any player during his/her action of playing the ball or interfering with the play;	11.3.1, 11.4.4, D3, D12 (4)
27.2.1.7	the ball crossing the net outside the crossing space into the opponent's court or touching the antenna on his/her side of the court.	10.1.1, D5a, D12 (4)
27.2.2	At the 1st referee's request, a line judge must repeat his/her signal.	

28 OFFICIAL SIGNALS

28.1 REFEREES' HAND SIGNALS

D11

The referees must indicate with the official hand signal the reason for their whistle (the nature of the fault whistled or the purpose of the interruption authorized). The signal has to be maintained for a moment and, if it is indicated with one hand, the hand corresponds to the side of the team which has made the fault or the request.

28.2 LINE JUDGES' FLAG SIGNALS

D12

The line judges must indicate with the official flag signal the nature of the fault called, and maintain the signal for a moment.

PART 2

SECTION 3:

DIAGRAMS

DIAGRAM 1a: COMPETITION/CONTROL AREA

Relevant Rules: 1, 1.4.5, 1.4.6, 4.2.1, 4.2.3.1, 15.4.4, 19.3.2.7, 21.3.2.1, 21.3.3.1, 23.1, 24.1, 25.1, 26.1

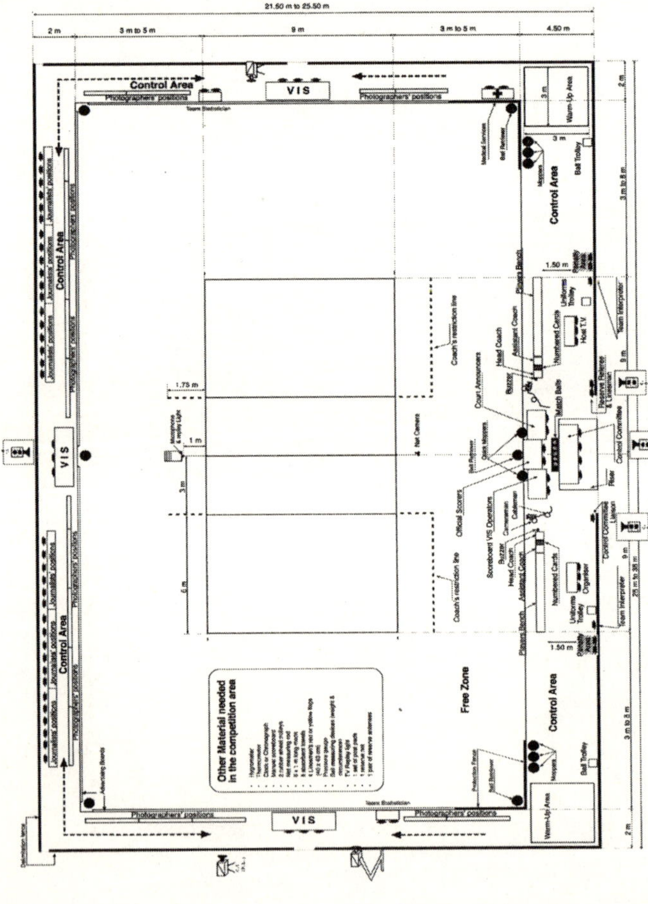

DIAGRAM 1b: THE PLAYING AREA

Relevant Rules: 1, 1.4, 1.4.2, 1.4.3, 1.4.4, 1.4.5, 1.4.6, 4.2.1, 4.2.3.1, 15.10.1, 19.3.1.4, 19.3.2.7, 21.3.2.1, 23.1, 24.1, 25.1, 26.1

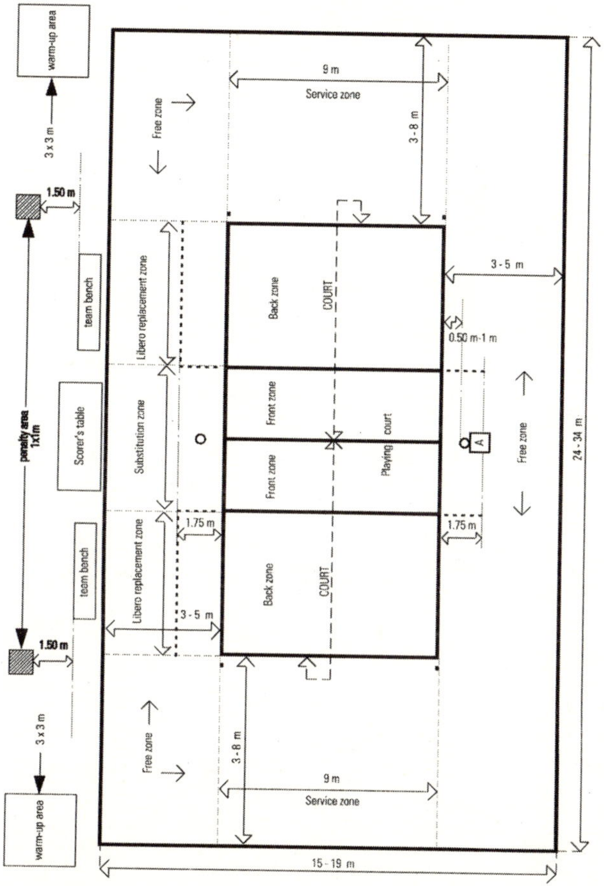

DIAGRAM 2: THE PLAYING COURT

Relevant Rules: 1.1, 1.3, 1.3.3, 1.3.4, 1.4.1, 5.2.3.4

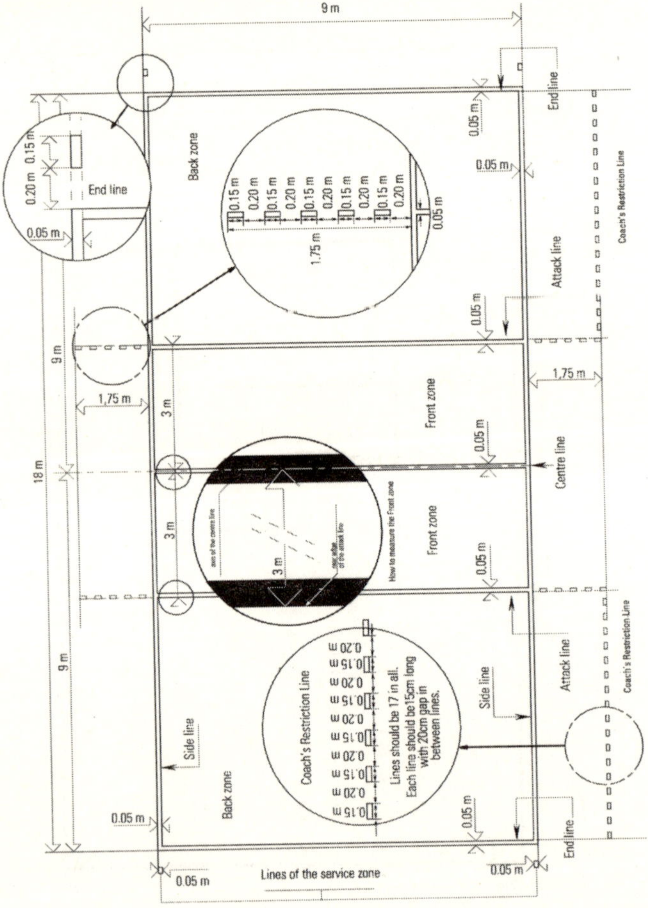

DIAGRAM 3: DESIGN OF THE NET

Relevant Rules: 2, 2.1.6, 2.2, 2.3, 2.4, 2.5.1, 11.3.1, 11.3.2, 27.2.1.6

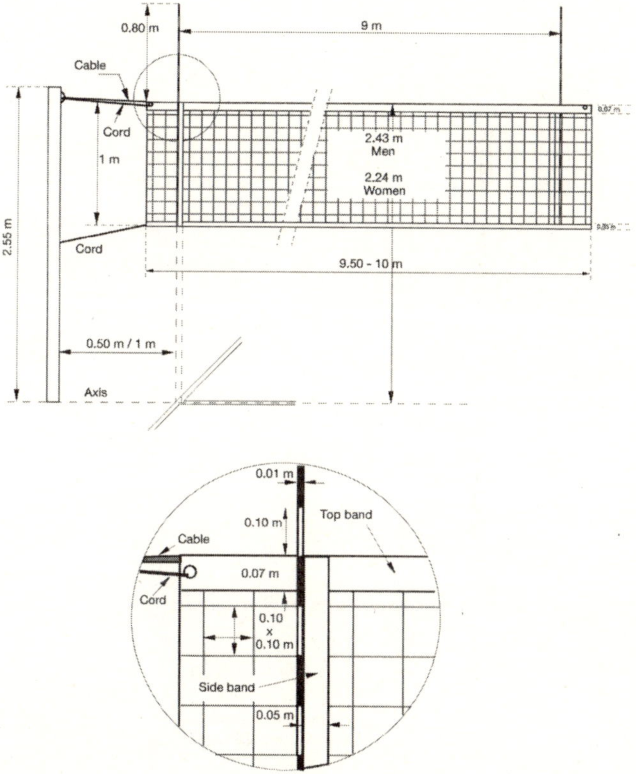

DIAGRAM 4: POSITION OF PLAYERS

Relevant Rules: 7.4, 7.4.3, 7.5, 23.3.2.3a, 24.3.2.2

Example A:

Determination of the positions between a front-row player and the corresponding back-row player

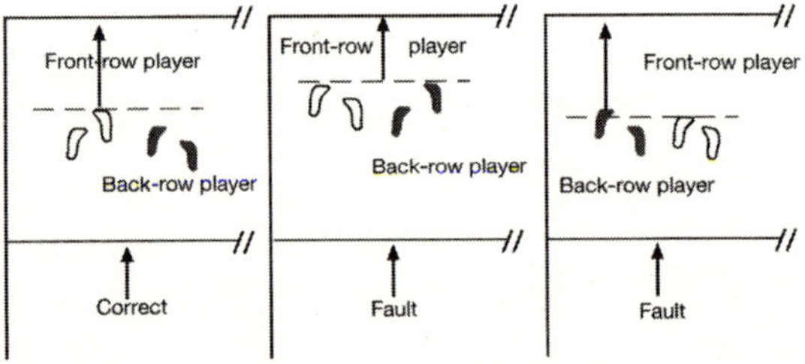

Example B:

Determination of the positions between players of the same row

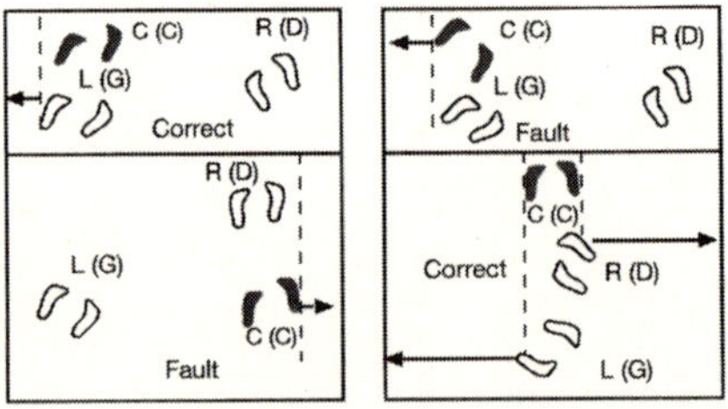

C (C) = Centre player
R (D) = Right player
L (G) = Left player

DIAGRAM 5a: BALL CROSSING THE VERTICAL PLANE OF THE NET TO THE OPPONENT COURT

Relevant Rules: 2.4, 8.4.3, 8.4.4, 8.4.5, 10.1.1, 10.1.3, 24.3.2.7, 27.2.1.3, 27.2.1.7

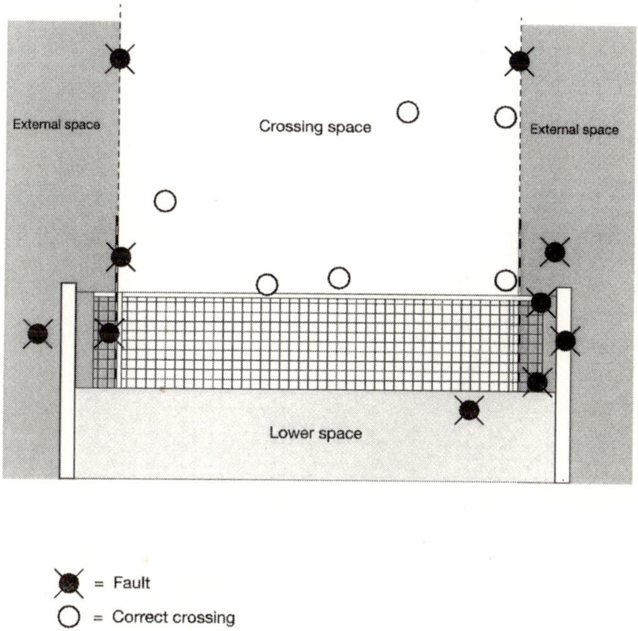

DIAGRAM 5b: BALL CROSSING THE VERTICAL PLANE OF THE NET TO THE OPPONENT FREE ZONE

Relevant Rules: 10.1.2, 10.1.2.2, 24.3.2.7

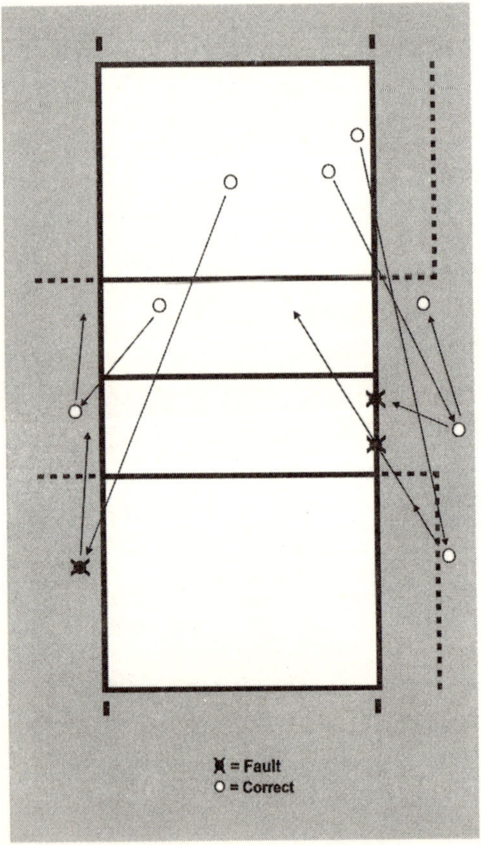

DIAGRAM 6: COLLECTIVE SCREEN

Relevant Rules: 12.5, 12.5.2, 23.3.2.3a

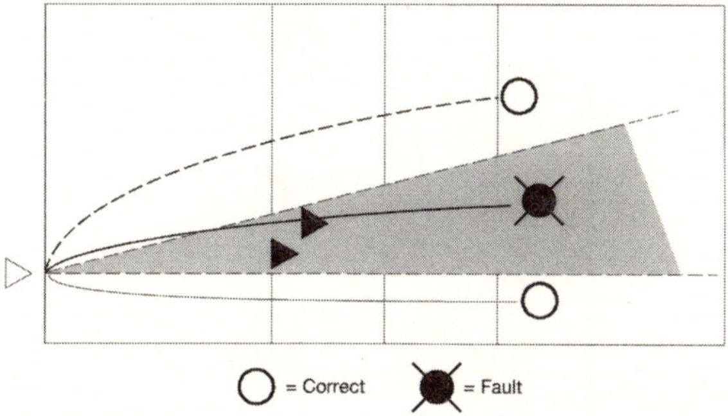

DIAGRAM 7: COMPLETED BLOCK

Relevant Rule: 14.1.3

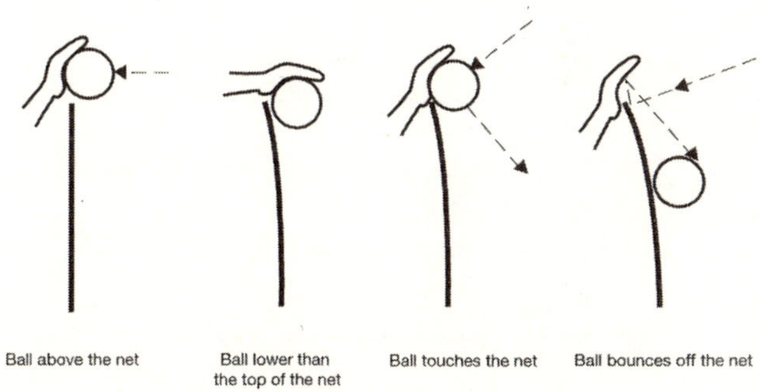

DIAGRAM 8: BACK ROW PLAYER'S ATTACK

Relevant Rules: 13.2.2, 13.2.3, 23.3.2.3d, 24.3.2.4

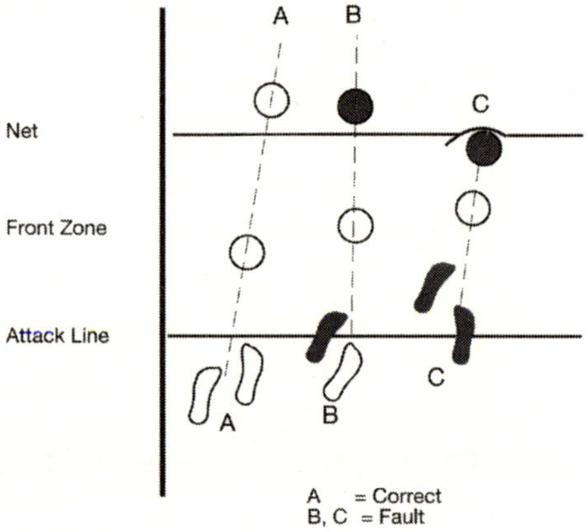

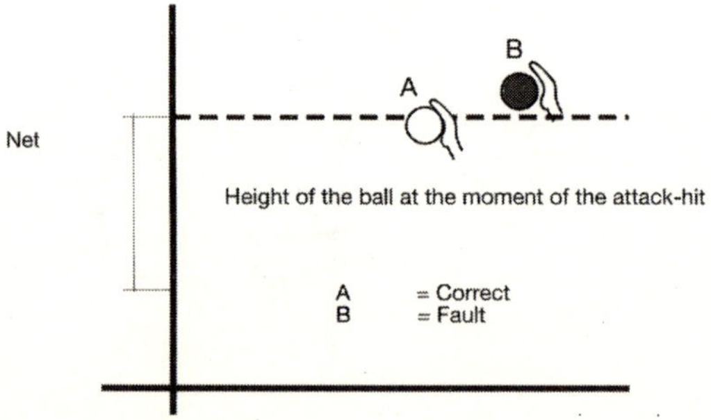

DIAGRAM 9: SANCTION SCALES

Relevant Rules: 16.2, 21.3, 21.4.2

MISCONDUCT SANCTION SCALE

CATEGORIES	OCCURRENCE	OFFENDER	SANCTION	CARDS	CONSEQUENCE
RUDE CONDUCT	**First**	Any member	Penalty	Red	A point and service to the opponent
	Second	Same member	Expulsion	Red + Yellow jointly	Player leaves playing area and stays in the penalty area for the remainder of the set
	Third	Same member	Disqualification	Red + Yellow separately	Player leaves the Competition-Control Area for the remainder of the match
OFFENSIVE CONDUCT	**First**	Any member	Expulsion	Red + Yellow jointly	Player leaves the playing area and stays in the penalty area for the remainder of the set
	Second	Same member	Disqualification	Red + Yellow separately	Player leaves the Competition-Control Area for the remainder of the match
AGGRESSION	**First**	Any member	Disqualification	Red + Yellow separately	Player leaves the Competition-Control Area for the remainder of the match

DELAY SANCTION SCALE

CATEGORIES	OCCURRENCE	OFFENDER	DETERRENT or SANCTION	CARDS	CONSEQUENCE
DELAY	**First**	Any member of the team	Delay Warning	Hand signal No. 25 with Yellow card	Prevention – no penalty
	Second and subsequent	Any member of the team	Delay Penalty	Hand signal No. 25 with Red card	A point and service to the opponent

DIAGRAM 10: LOCATION OF REFEREEING CORPS AND THEIR ASSISTANTS

Relevant Rules: 3.3, 23.1, 24.1, 25.1, 26.1, 27.1

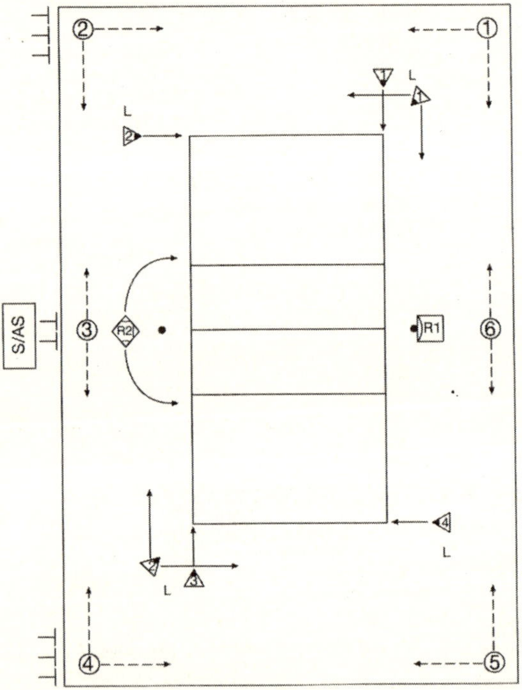

R1 = First Referee

R2 = Second Referee

S/AS = Scorer/Assistant Scorer

= Lines Judges (numbers 1-4 or 1-2)

④ = Ball Retrievers (numbers 1-6)

= Floor Moppers

DIAGRAM 11: REFEREES' OFFICIAL HAND SIGNALS

1 AUTHORISATION TO SERVE

Relevant Rules: 12.3, 22.2.1.1

Move the hand to indicate direction of service

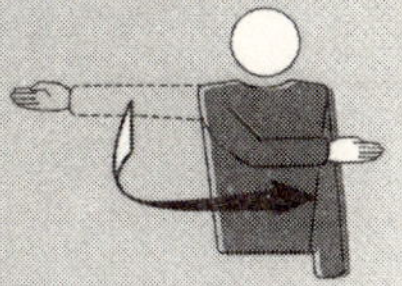

F

2 TEAM TO SERVE

Relevant Rules: 22.2.3.1, 22.2.3.2, 22.2.3.4

Extend the arm to the side of team that will serve

F S

3 CHANGE OF COURTS

Relevant Rule: 18.2

Raise the forearms front and back and twist them around the body

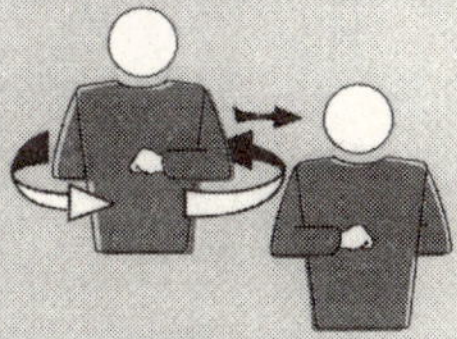

F

4 TIME-OUT

Relevant Rule: 15.4.1

Place the palm of one hand over the fingers of the other, held vertically (forming a T) and then indicate the requesting team

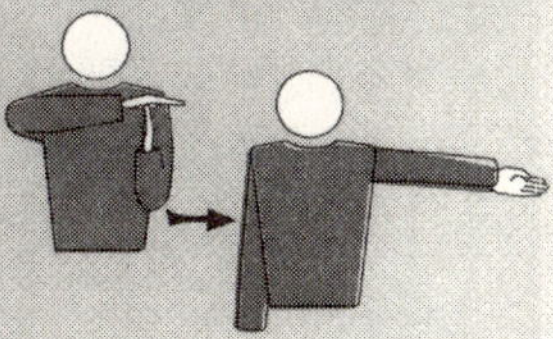

F S

5 SUBSTITUTION

Relevant Rules: 15.5.1, 15.5.2, 15.8

Circular motion of the forearms around each other

Ⓕ Ⓢ

6a MISCONDUCT WARNING

Relevant Rule: 21.1, 21.6

Show a yellow card for warning

Ⓕ

6b MISCONDUCT PENALTY

Relevant Rules: 21.3.1, 21.6, 23.3.2.2

Show a red card for penalty

Ⓕ

7 EXPULSION

Relevant Rules: 21.3.2, 21.6, 23.3.2.2

Show both cards jointly for expulsion

Ⓕ

8 DISQUALIFICATION

Relevant Rules: 21.3.3, 21.6, 23.3.2.2

Show red and yellow cards separately for disqualification

Ⓕ

9 END OF SET (OR MATCH)

Relevant Rules: 6.2, 6.3

Cross the forearms in front of the chest, hands open

Ⓕ Ⓢ

10 BALL NOT TOSSED OR RELEASED AT THE SERVICE HIT

Relevant Rule: 12.4.1

Lift the extended arm, the palm of the hand facing upwards

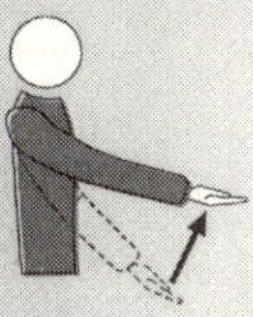

Ⓕ

11 DELAY IN SERVICE

Relevant Rule: 12.4.4

Raise eight fingers, spread open

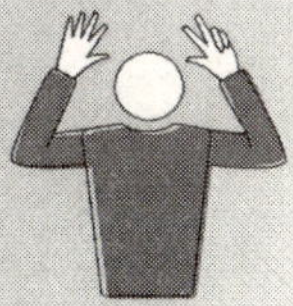

Ⓕ

12 BLOCKING FAULT OR SCREENING

Relevant Rules: 12.5, 12.6.2.3, 14.6.3, 19.3.1.3, 23.3.2.3a, g, 24.3.2.4

Raise both arms vertically, palms forward

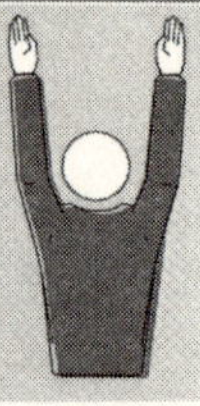

F S

13 POSITIONAL OR ROTATIONAL FAULT

Relevant Rules: 7.5, 7.7, 23.3.2.3a, 24.3.2.2

Make a circular motion with the forefinger

F S

14 BALL "IN"

Relevant Rule: 8.3

Point the arm and fingers toward the floor

F S

15 BALL "OUT"

Relevant Rules: 8.4.1, 8.4.2, 8.4.3, 8.4.4, 24.3.2.5, 24.3.2.7

Raise the forearms vertically, hands open, palms towards the body

F S

16 CATCH

Relevant Rules: 9.2.2, 9.3.3, 23.3.2.3b

Slowly lift the forearm, palm of the hand facing upwards

F

17 DOUBLE CONTACT

Relevant Rules: 9.3.4, 23.3.2.3b

Raise two fingers, spread open

F

18 FOUR HITS

Relevant Rules: 9.3.1, 23.3.2.3b

Raise four fingers, spread open

F S

19 NET TOUCHED BY PLAYER - SERVED BALL FAILS TO PASS TO THE OPPONENT THROUGH CROSSING SPACE

Relevant Rules: 11.4.4, 12.6.2.1

Indicate the relevant side of the net with the corresponding hand

F S

20 REACHING BEYOND THE NET

Relevant Rules: 11.4.1, 13.3.1, 14.3, 14.6.1, 23.3.2.3c

Place a hand above the net, palm facing downwards

F

21 ATTACK HIT FAULT

Relevant Rules:
- by a back-row player, by a libero or on the opponent's service:
  13.3.3, 13.3.4, 13.3.5, 23.3.2.3d, e, 24.3.2.4
- on an overhand finger pass by the libero in his/her front zone or its extension:
  13.3.6

Make a downward motion with the forearm, hand open

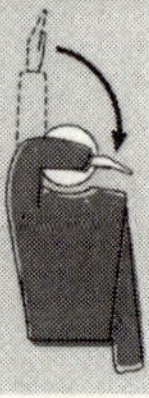

F S

22 PENETRATION INTO THE OPPONENT COURT BALL CROSSING THE LOWER SPACE OR THE SERVER TOUCHES THE COURT (END LINE) OR THE PLAYER STEPS OUTSIDE HIS/HER COURT AT THE MOMENT OF THE SERVICE HIT

Relevant Rules: 8.4.5, 11.2.2, 12.4.3, 23.3.2.3a, f, 24.3.2.1

Point to the center line or to the relevant line

F S

23 DOUBLE FAULT AND REPLAY

Relevant Rules: 6.1.2.2, 17.2, 22.2.3.4

Raise both thumbs vertically

F

24 BALL TOUCHED

Relevant Rules: 23.3.2.3b, 24.2.2

Brush with the palm of one hand the fingers of the other, held vertically

F S

25 DELAY WARNING/DELAY PENALTY

Relevant Rules: 15.11.3, 16.2.2, 16.2.3, 23.3.2.2

Cover the wrist with a yellow card (warning) and with a red card (penalty)

F

DIAGRAM 12: LINE JUDGES' OFFICIAL FLAG SIGNALS

1 BALL "IN"

Relevant Rule: 8.3, 27.2.1.1

Point down with flag

Ⓛ

2 BALL "OUT"

Relevant Rules: 8.4.1, 27.2.1.1

Raise flag vertically

Ⓛ

3 BALL TOUCHED

Relevant Rule: 27.2.1.2

Raise flag and touch the top with the palm of the free hand

Ⓛ

4 CROSSING SPACE FAULTS, BALL TOUCHED AN OUTSIDE OBJECT, OR FOOT FAULT BY ANY PLAYER DURING SERVICE

Relevant Rules: 8.4.2, 8.4.3, 8.4.4, 12.4.3, 27.2.1.3, 27.2.1.4, 27.2.1.6, 27.2.1.7

Wave flag over the head and point to the antenna or the respective line

Ⓛ

5 JUDGEMENT IMPOSSIBLE

Raise and cross both arms and hands in front of the chest

PART 3
DEFINITIONS

COMPETITION / CONTROL AREA

The Competition / Control Area is a corridor around the playing court and free zone, which includes all spaces up to the outer barriers or delimitation fence. See diagram/fig 1a.

ZONES

These are sections within the playing area (i.e. playing court and free zone) as defined for a specific purpose (or with special restrictions) within the rule text. These include: Front Zone, Service Zone, Substitution Zone, Free Zone, Back Zone, and Libero Replacement Zone.

AREAS

These are sections of the floor OUTSIDE the free zone, identified by the rules as having a specific function. These include: warm-up area and penalty area.

LOWER SPACE

This is the space defined at its upper part by the bottom of the net and the cord joining it to the posts, at the sides by the posts, and the bottom by the playing surface.

CROSSING SPACE

The crossing space is defined by:

- The horizontal band at the top of the net
- The antennae and their extension
- The ceiling

The ball must cross to the opponent's COURT through the crossing space.

EXTERNAL SPACE

The external space is in the vertical plane of the net outside of the crossing and lower spaces.

SUBSTITUTION ZONE

This is the part of the free zone through which substitutions are carried out.

UNLESS BY AGREEMENT OF FIVB

This statement recognizes that while there are regulations on the standards and specification of equipment and facilities, there are occasions when special arrangements can be made by FIVB in order to promote the game of Volleyball or to test new conditions.

FIVB STANDARDS

The technical specifications or limits as defined by FIVB to the manufacturers of equipment.

PENALTY AREA

In each half of the competition/control area, there is a Penalty Area located behind the prolongation of the end line, outside the free zone, which should be placed a minimum of 1.5 metres behind the rear edge of the bench.

FAULT

a) A playing action contrary to the rules.
b) A rule violation other than a playing action.

DRIBBLING

Dribbling means bouncing the ball (usually as a preparation to tossing and serving). Other preparatory actions could include (amongst others) moving the ball from hand to hand.

TECHNICAL TIME-OUT

This special mandatory time-out is, in addition to time-outs, to allow the promotion of Volleyball, analysis of the play and to allow additional commercial opportunities. Technical Time-Outs are mandatory for FIVB, World and Official competitions.

BALL RETRIEVERS

These are personnel whose job it is to maintain the flow of the game by rolling the ball to the server between rallies.

RALLY POINT

This is the system of scoring a point whenever a rally is won.

INTERVAL

The time between sets. The change of courts in the 5th (deciding) set is not to be regarded as an interval.

RE-DESIGNATION

This is the act by which a Libero, who cannot continue or is declared by the team "unable to play", has his/her role taken by any other player (except the regular replacement player) not on the court at the moment of the re-designation.

REPLACEMENT

This is the act by which a regular player leaves the court and either Libero (if more than one) takes his/her place. This can even include Libero for Libero exchanges. The regular player can then replace either Libero. There must be a completed rally between replacements involving any Libero.

INTERFERING

Any action which will create an advantage against the opponent team or any action which prevents an opponent from playing the ball.

OUTSIDE OBJECT

An object or a person which while outside the playing court or close to the limit of the free playing space provides an obstruction to the flight of the ball. For example: overhead lights, the referee's chair, TV equipment, scorer's table, and net posts. Outside objects do not include the antennae since they are considered as the part of the net.

SUBSTITUTION

This is the act by which one regular player leaves the court and another regular player takes his/her place.

INDEX